Wie werden aus Jungs richtige Männer?

DIE AUTOREN

Mathias Wais
Psychologie, Judaistik und Tibetologie; Diplom-
Psychologe. Psychoanalytische Ausbildung.
Forschungen auf dem Gebiet der Neuro-Psycholo-
gie. Mitarbeiter einer Beratungsstelle für Kinder,
Jugendliche und Erwachsene in Dortmund.

Ulrich Meier
Pfarrer, Leitung Priesterseminar der Christengemeinschaft Hamburg.

Claudia Grah-Wittich
Kunstgeschichte, Philosophie M.A. Tätig als
Sozialarbeiterin in der Frühförderung und Elternberatung, Dozentin in der Erwachsenenbildung
und Kleinkindpädagogik, Frankfurt.

Wie werden aus Jungs richtige Männer
— und wer ist dafür zuständig?

GESUNDHEITS-
PFLEGE *initiativ*

Gemeinnützige
Bildungsgesellschaft mbH
Esslingen am Neckar

BIBLIOGRAFISCHE INFORMATION DER DEUTSCHEN BIBLIOTHEK
Die Deutsche Bibliothek verzeichnet diese Publikation in der Deutschen
Nationalbibliografie; detaillierte bibliografische Daten sind im Internet
über < http://dnb.ddb.de > abrufbar.

Kapitel I: enthält Textpassagen aus dem Buch des Autors *Kindheit und Ju-
gend heute*, Stuttgart 2000
Kapitel II: liegt ein Beitrag des Autors zugrunde, der im Juli 2010 in der Zeit-
schrift *Die Christengemeinschaft* erschienen ist
Kapitel III: enthält Textpassagen aus dem Beitrag der Autorin in dem Buch:
Brauchen Jungen eine andere Erziehung als Mädchen?, Stuttgart 2007

Gedruckt auf umweltfreundlichem, chlorfrei gebleichtem Papier

© 2011 GESUNDHEITSPFLEGE initiativ
gemeinnützige Bildungsgesellschaft mbH
Paracelsusstraße 33, D-73730 Esslingen
http://www.gesundheitspflege.de
http://www.maennerleben.com

Umschlaggestaltung, Grafiken, Satz: PRmed-Consulting, Esslingen
Druck: Druckerei Steinmeier, Deiningen
Coverbild: Anders Petersen© | www.anderspetersen.se

Band 3 der Reihe Männer**Leben**®kompakt **ISBN** 978-3-932161-75-9

Die ersten drei Titel der Reihe Männer**Leben**®kompakt sind als
Paket (günstiger) erhältlich unter ISBN 978-3-932161-76-6
Titeldetails siehe S. 111 oder unter www.gesundheitspflege.de

INHALT

III.   Frag nicht — liebe mich einfach
[Claudia Grah-Wittich]

Mathias Wais

Wie werden aus Jungs
richtige Männer
— und wer ist eigentlich dafür zuständig?

Mutters Junge

Es gibt auch heitere, friedliche Tage. Nur muss man gerade an diesen mit plötzlichem Gewitter rechnen.

An einem solchen schönen Sommertag ergibt es sich, dass Sascha, Alex, Drago und Joscha nach einer Kletterpartie auf den umliegenden Garagen einen Weitpinkelwettbewerb veranstalten. Die Örtlichkeit bietet es an: Sie leben am Rande einer Vorstadtsiedlung. Hinter den Reihenhäusern tut sich ein weitläufiges Wiesengelände auf. Zum Waldrand hin erstreckt sich ein Sandstreifen, in den man schon öfter die interessantesten Formen — Schwerter, Drachen, Initialen — mit dem eigenen Strahl gezeichnet hat.

Alex kramt sein aufrollbares Maßband aus der Hosentasche. Auch wenn es mit dem bloßen Auge erkennbar ist — eine objektive und unbestechliche Messung ist Ehrensache: Sascha konnte am weitesten — 1,85 Meter. Dahinter Alex mit 1,62. Gleichauf fast Joscha mit 1,60. Drago weit abgeschlagen mit gerade mal 90 Zentimetern.

Dieses Ergebnis wird fachmännisch analysiert und diskutiert. Dabei stellt sich heraus, dass Drago es nicht mehr ausgehalten hatte und sich kurz vor dem Wettbewerb Erleichterung verschafft hatte. Damit ist seine Niederlage entschärft, und Drago kann sein Gesicht wahren. Was Saschas Sieg betrifft, so ist man sich schnell einig, dass er auf einen ballistischen Vorteil zurückgcht. Sascha kann nämlich, ohne umzukippen, den Oberkörper wie ein Artist und Schlangenmensch ungewöhnlich weit nach hinten abbiegen. Damit setzt er natürlich schon mit einem günstigeren Winkel an. — Joscha gebührt Solidarität. Der hatte vor drei Wochen eine Phimoseoperation, und die Jungs vermuten, dass man ihm dabei irgendwie die Harnröhre verbogen hat. — Und was Alex betrifft: Der ist etwas beleibter. Dadurch braucht der Strahl etwas länger vom Inneren seines Körpers bis zum Austritt und verliert, logisch, dabei an Wucht.

Was soll's, sagt Sascha, *eigentlich sind wir alle gleich gut* und teilt damit seinen Sieg mit den anderen. *Unter günstigen Umständen hättet ihr auch 1,85 erreicht.* Zufrieden und im Gefühl kameradschaftlicher Verbundenheit beginnen alle Vier, sich warm zu trippeln. Ein Fußballmatsch steht an ....

Da kommt wie ein Gewitter aus heiterem Himmel Alex´ Mutter auf die Wiese gestürmt. *Ich habe euch genau beobachtet*, ruft sie schon von weitem. *Diese Schweinereien hören auf! Wenn jetzt ein Spaziergänger vorbei gekommen wäre? Oder ein kleines Mädchen?* Die Jungs erschrecken. *Ihr seid wohl auch solche Kerle, die meinen, an jedem Gebüsch pinkeln zu dürfen.*

Die vier Knaben sehen betreten zu Boden. *Aber das wird ein Nachspiel haben. Ich werde mit euren Müttern sprechen. Und du, mein Früchtchen,* sie meint ihren Sohn, *kommst jetzt nach Hause.* Sie hält kurz inne, sucht offenbar nach einer Begründung und setzt dann triumphierend nach: *Hast du überhaupt schon dein Zimmer aufgeräumt? Bestimmt liegen wieder deine Schulsachen am Boden verstreut und dazwischen die Socken von gestern.* Damit zieht sie ab. Alex zuckt hinter ihrem Rücken die Schultern. *Da kann man nichts machen. Ihr kennt das ja,* sagt er damit. Resigniert trottet er hinter seiner Mutter her. *Es ist doch immer das gleiche mit euch Kerlen,* schimpft sie noch von weitem.

Nun, an dieser Tragödie aus der Welt der Knaben soll uns hier nur ein Detail weiter beschäftigen: Alex´ Mutter kündigte an, sie werde über die exhibitionistischen Neigungen der Jungs mit deren Müttern reden. Darüber dürfen wir erstaunt sein. Wieso will sie nicht mit den Vätern darüber reden oder wenigstens mit den Eltern?

Das wirft die grundsätzliche Frage auf, wer in unserer Gesellschaft sich eigentlich zuständig fühlt, oder meint, sich zuständig fühlen zu müssen, für die Erziehung der Jungs. — Soweit man es aus der Perspektive der Erziehungsberatung beantworten kann: Meist sind es Frauen, Mütter, die sich hierfür zuständig fühlen.

Eine Mutter formulierte es mit unbestreitbarer Klarheit, als sie ihren gerade abgestillten Sohn in die Luft hielt und ausrief: *Es ist nun meine Aufgabe, einen richtigen Mann aus ihm zu machen.* – Ein wundervolles Ziel. Nur: Wie macht sie das? Als Frau!

Stellen wir uns einmal den umgekehrten Fall vor (der allerdings, wiederum aus der Perspektive der Erziehungsberatung gesehen, gar nicht vorkommt), ein Vater würde ausrufen: *Es ist nun meine Aufgabe, aus meiner Tochter eine richtige Frau zu machen.* Wir würden das zumindest bedenklich finden, würden eine Grenzüberschreitung in diesem Ansinnen sehen. Und je nach dramatischer Gestimmtheit würden wir sagen: *Was weiß der denn vom Frausein?* oder wir würden gleich beim Jugendamt anrufen.

Was ein Junge ist, ein *richtiger* Junge, wie er sich zu benehmen hat, auch was ihm steht — dies fällt in unserer Gesellschaft augenscheinlich in die Zuständigkeit der Frau und Mutter. Wir muten ihr zu und sie mutet sich zu, dass sie kraft ihrer Mutterschaft weiß, was den *richtigen* Jungen ausmacht und wie er dahin kommt. Das bedeutet aber für den Jungen selbst, dass seine eigenen Vorstellungen davon, was er tun möchte, was er braucht, was er für richtig hält, was er anziehen möchte, schon im Ansatz als unausgegoren gelten müssen, um es noch schonungsvoll auszudrücken. Der Knabe wächst also oft mit der chronischen Botschaft auf:

Was es mit mir als Junge auf sich hat, was für mich richtig ist, das weiß ich selbst nicht. Meine eigenen Vorstellungen darüber sind ungeschlacht und daneben und bedürfen der unermüdlichen Korrektur und Verfeinerung durch die Mutter.

Mütter haben oft das Ziel klar vor Augen: Ihr Sohn soll später einmal ein *richtiger* Mann sein. Was ist ein richtiger Mann? Nun, die Antwort ist ganz einfach: Ein richtiger Mann ist eine Mischung aus Arnold Schwarzenegger und Heidi. Er soll also schon ein gut durchblutetes Mannsbild werden, kräftig, kernig, aber er soll auch einfühlsam und rücksichtsvoll sein und vor allem: *Anständig.* Gerade diesen *Anstand* dem Jungen beizubringen, ist für die Mütter sowohl wichtig wie auch anstrengend. Denn Männlichkeit ist für nicht wenige Mütter etwas, das ganz grundsätzlich erst einmal zivilisiert und sogar in Schach gehalten werden, ja, gebändigt werden muss.

Ein Junge ist demnach, einfach weil er ein Junge ist, immer in Gefahr, zu verrohen oder — wenn die Mutter nicht aufpasst — sich überhaupt zum Rüpel, zu einem Lüstling oder Schlimmerem zu entwickeln.

Solches zu verhindern, ist die Aufgabe der Mutter. So gerät ihr die Männlichkeit ihres Sohnes zum immerwährenden Gegenstand der Belehrung, der Eingrenzung, der Warnung, der moralischen Entrüstung und jedenfalls Korrektur. Auf dem Spielplatz, in der Straßenbahn, im häuslichen Alltag können wir beobachten, dass etwa 90 % der erzieherisch gemeinten Botschaften an Jungs Zurechtweisungen sind.

Wieso muten wir Frauen diese Aufgabe zu? Wieso fühlen sich Frauen zu dieser Aufgabe berufen? Und vor allem: Wieso fügen sich viele Väter darein?

Was die Väter betrifft, so teilen sie offenbar meist das Bild ihrer Ehefrauen, dass Männlichkeit etwas Rohes, fast Animalisches ist, das nur vom friedfertigsten und anständigsten aller Geschlechter, der Frau eben, domestiziert werden kann. Viele Väter glauben selbst an die Dompteurslizenz ihrer Ehefrauen. Sie zeigen damit vor allem, dass sie selbst kein Vertrauen in ihr Mannsein haben. Dadurch geben sie ihren Söhnen jene Botschaft, die ein kleiner Scherz so zusammenfasst: Fritz brütet über seinen Biologie-Hausaufgaben. Er hat in der Schule nicht alles verstanden und fragt seinen Vater, der gerade Zeitung liest: *Papa, wo haben wir das Testosteron her?* Darauf der Vater: *Frag Mutti, die kauft immer ein.*

Damit wir uns die Bedeutung solcher weiblicher Zuständigkeit für die Jungs vor Augen führen können, darf hier der Sachverhalt zu einer These zugespitzt werden. Die These lautet: *Mütter sehen ihre Tochter eher als Individuum, ihren Sohn eher als Vertreter seines Geschlechts.* Fügen wir hinzu: *... als dessen Hauptmerkmal die Bändigungsbedürftigkeit gelten muss.*

Wie kommt man zu einer solch provokanten These? Beobachten wir noch einmal auf dem Spielplatz, in der Straßenbahn und zu Hause und vergleichen, wie Mütter mit ihren Töchtern umgehen und wie sie mit ihren Söhnen umgehen. Da zeigen sich erhebliche Unterschiede: Ihren Töchtern stellen sie interessierte Fragen über deren Tun, ihr Erleben, ihre Motive. Sie gehen auf deren persönliche Sichtweise ein und sprechen insgesamt unterstützend mit ihnen. — Ihren Söhnen gegenüber äußern sie hauptsächlich Zielvorstellungen. Sie weisen sie ständig darauf hin, was sie tun und vor allem lassen sollten, wie sie sich zu benehmen haben und was ihre Motive sein sollten. *Lass Kevin auch mal mit dem Bagger spielen, — Mach dir deinen neuen Anorak nicht schmutzig, — Du könntest mal wieder duschen, — Sitz nicht dauernd vor dem Computer,* und so weiter. Mütter thematisieren also laufend einen Unterschied zwischen Realität und Soll-Zustand. Dadurch fragen sie nicht interessiert, sondern sie beurteilen und ermahnen.

Ein Junge muss also das Bild bekommen, dass die Formung von Männlichkeit erstens in die Zuständigkeit der Mutter fällt und zweitens aus ständigen Korrekturen und Ermahnung bestehen muss.

Scham

Wie wird der Junge darauf reagieren? Auf jeden Fall nicht so, dass er darüber ein Gespräch sucht. Im Gegenteil, er wird es vermeiden, über sein Inneres, seine Vorstellungen, seine Sehnsüchte und Motive sich auszutauschen, denn er muss ja immer noch mehr Ermahnungen und Verurteilung fürchten. Da er auch mit dem

Vater über Inneres nicht sprechen kann, weil der nicht da ist oder zu feige ist, über Männerspezifisches mit seinem Sohn zu sprechen oder weil er eben an die Erziehungskompetenz der Frau für das Männliche glaubt, lernt der Junge, überhaupt nicht über Inneres zu sprechen.

So kommt es zu der in unserer Gesellschaft typischen männlichen Kommunikationsbehinderung. Schon die Knaben reden nicht über ihr Innenleben. Natürlich haben Knaben und Männer nicht an sich eine Kommunikationsstörung. Im Gegenteil können gerade sie über schlechthin alles reden — solange es sich außerhalb ihrer Seele befindet. Schon Zwölfjährige können ihrer Mutter detailliert das Home-Banking erklären und über die Vor- und Nachteile der verschiedenen Spiele-Konsolen ebenso fachmännisch wie engagiert diskutieren. Ihre Väter halten wegweisende Reden im Schützenverein und auch die Erläuterung der politischen Lage übernimmt man gerne. Sie können über alles reden außer darüber, was es bedeutet, ein Junge, ein Mann zu sein.

Bekanntlich können Mädchen und Frauen aber gerade das: Sich untereinander austauschen über ihr Innenleben, ihr Körpergefühl auch, ihre Gefühle, und was es für sie bedeutet, eine Frau zu sein.

Die meisten Jungs haben Entsprechendes nicht gelernt. Deswegen wissen sie schon mal gar nicht, worüber sie sich in diesem Zusammenhang eigentlich besprechen sollten — und vor allem: Wie eigentlich? Das Thema *Mannsein* gibt es nicht. Man stelle zum Beispiel zwei Männern die Aufgabe, sich über spezifisch männliche Körpererfahrungen auszutauschen. Sie verstehen die Aufgabe nicht oder finden sie völlig abartig und kommen dann allenfalls aufs Schwitzen beim Fußball-spielen.

Jungs und Männer wissen oft nicht, was sie aus sich heraus als männlich verstehen könnten, was Mannsein von innen her ist, welche spezifischen Erfahrungen und Möglichkeiten es enthält. Andererseits stehen sie in unserer Kultur immer noch, trotz gepflegter Erörterungen über die Einseitigkeiten der Geschlechtsrollenbilder, unter dem Druck, vorführen zu müssen, wie enorm männlich sie sind, wie sehr sie eins sind mit dem allgemeinen Männerbild.

Väter waren auch mal Jungs und reden wiederum mit ihren Söhnen auch nicht darüber. Sie sind froh, dass ihre Ehefrauen das erledigen. Außerdem haben die Väter bekanntlich keine Zeit. Und Mütter, die mit dem Jungen über sein Inneres sprechen wollen, sprechen für dessen Erleben bedrängend, beurteilend, verurteilend. Auch wenn Alex´ Mutter nicht gleich losgepoltert hätte, sondern mit ihrem Sohn das einfühlsame Gespräch gesucht hätte, wäre dies für sein Erleben übergriffig gewesen. Fragen wie *Was erlebst du beim Weitpinkeln? Was ist dir daran wichtig? Was macht es mit dir, wenn du nicht am weitesten pinkeln konntest?*, wenn von der Mutter gestellt, laden den Jungen nicht zur Kommunikation ein, sondern schaffen Peinlichkeit und verhindern Kommunikation.

So entsteht bei dem Jungen um das Thema seiner Männlichkeit eine zentrale Scham. Diese ist wiederum ein weiterer Grund, weshalb Jungs nicht über Inneres sprechen wollen. Sie erleben das Jungesein als etwas Peinliches, sobald es thematisiert wird.

Ein Mädchen würde sein Mädchensein nicht so grundsätzlich als peinlich erleben, wenn es zur Sprache käme. Im Gegenteil, Mädchen haben offenbar die natürliche Neigung und die vielleicht sogar angeborene Kompetenz, Weiblichkeit, weibliche Rolle und weibliches Erleben zu thematisieren.

Ein Junge zu sein, kann also peinlich sein und wird von den männlichkeitsbeauftragten Frauen als gefährlich und gefährdet deklariert. Jeder Junge weiß, dass er dem klassischen Jungenbild und auch dem Zielbild der Schwarzenegger-Heidi-Kreuzung nicht entspricht: Autonom zu sein, nie hilflos, immer leistungsorientiert, vor allem körperlich leistungsorientiert, stets wettbewerbsbereit, andererseits aber ritterlich, rücksichtsvoll, sensibel gegenüber Mädchen.

Peinlich und gefährdet ist das Jungesein auch, weil Jungs intuitiv um die jederzeit lauernden Entwicklungsprobleme wissen, die bekanntlich bei ihnen bis zu zehnmal häufiger auftreten als bei Mädchen: Einnässen, Stottern, motorische Koordinationsstörungen, Legasthenie, Sprachentwicklungsprobleme, *Hyperaktivität*, bedenkliches bis destruktives Sozialverhalten — all dies labilisiert selten die Entwicklung der Mädchen, aber oft die der Jungs, die erleben, dass ihre Schwestern oder Mitschülerinnen in fast allen Lebens- und Leistungsbereichen besser sind oder jedenfalls unbelasteter von Problemen klarkommen. Besonders die Sprachentwicklung und die Entwicklung der sozialen Kompetenzen, die Fähigkeit, sich sprachlich auszudrücken und sich über die Sprache durchzusetzen, entwickelt sich bei Mädchen im Durchschnitt schneller und störungsfreier. Jungs bemerken auch, dass sie im Gegensatz zu den Mädchen im Lauf der Jahre das selbstverständliche

Verhältnis zu ihrem Körper verlieren. Sie werden meist nicht wie diese zum interessierten und liebevollen Entdecken des eigenen Körpers angeleitet. Viele Jungs lernen Selbstfürsorge nicht. Vielmehr sollen sie den Körper durch Leistung unter Beweis stellen. Und später, in der Pubertät, erfährt ihr Körper, ihr Körpererleben, durch den Vater keine und durch die Mutter höchstens peinliche und herabsetzende Aufmerksamkeit. — Wie soll er also seine Leiblichkeit schätzen lernen?

Der Junge schämt sich also, dass er seine Rolle nicht erfüllt. Er weiß, dass er nicht annähernd so stabil ist, wie es seine Rolle verlangt. Er schämt sich, wenn er kein Top-Fußballer ist, und er schämt sich, wenn es an die ersten Sexerlebnisse geht. Wenn die Kameraden in der fünften Klasse damit protzen, wie viel Pornoclips sie schon auf ihrem Handy haben und wie souverän sie sich folglich beim Thema Sex auskennen, wird er sich der Angeberei anschließen oder zumindest wissend grinsen. Nur insgeheim wird er sich fragen, weshalb er noch nie auf die Idee gekommen ist, sich Pornoclips aufs Handy zu laden. Und wie macht man das überhaupt? Und dann erhebt die zentrale Horrorfrage ihr Drachenhaupt: *Bin ich überhaupt ein richtiger Junge?* Denn mit elf Jahren muss ein richtiger Junge, augenscheinlich, schon mindestens zehn Pornos auf seinem Handy haben.

Dabei richtet sich die Scham des Jungen nicht umschrieben auf ein bestimmtes Versagen einer einzelnen Leistungs- oder Entwicklungsnorm gegenüber. *Bin ich überhaupt ein richtiger Junge?* meint vielmehr den Kern der Identität. Es ist eine existentiell verunsichernde Frage.

Am wichtigsten und dümmsten daran ist, dass man darüber nicht redet. Über sein zentrales Schamgefühl zu kommunizieren, hieße für den Jungen, bei anderen eben diesen Zweifel an seiner Männlichkeit erst hervorzurufen, den sie — hoffentlich — noch nicht hegen.

Mit wem sollte er auch darüber sprechen? Sicher nicht mit seiner Mutter. Sie ist erstens eine Frau und kann sich zweitens eben darum überhaupt nicht vorstellen, worum es hier geht, macht sich aber zuständige Vorstellungen. Mit anderen Jungs kann er darüber auch nicht reden, denn dann könnte er gleich zum Mond umziehen. *Der ist wohl ein Mädchen*, würden sie höhnen, so fürchtet er, oder, noch schlimmer: *Der ist ja schwul.* Und kaum etwas fürchtet ein heranwachsender Junge mehr als den Homosexualitätsverdacht.

Ja, und mit einem Mädchen könnte er tatsächlich darüber sprechen. Denn er hat längst erkannt, dass man mit Mädchen ganz gut reden kann. Aber er unterlässt es natürlich, denn er fürchtet, für dieses Mädchen danach als Junge nicht mehr in Betracht zu kommen.

Und sein Vater? Hier fürchtet der Sohn Verachtung, denn der Vater ist ja der Inbegriff von Männlichkeit, erstes und zentrales Leitbild. Dem könnte er das auch gar nicht antun, dass sein Sohn sich mit Selbstzweifeln bezüglich seiner Männlichkeit quält.

So bleibt der Junge mit seiner zentralen Scham allein. Er kommuniziert nicht darüber, weil dies, so denkt er, die Scham nicht erleichtern, sondern verschärfen würde. Es ist vielleicht nicht bei jedem Jungen und immer so. Aber jeder Junge hat im Laufe seiner Entwicklung zum Mann solche Phasen des männlichen Selbstzweifels mehr oder weniger deutlich und intensiv erlebt. Der Effekt ist fatal. Weil er über die Zentrale Scham mit anderen nicht spricht, reflektiert der Junge mit der Zeit auch mit sich selbst nicht mehr darüber. Er verdrängt die Frage. Was man aber verdrängt hat, darüber kann man nicht mehr kommunizieren. Aber das Verdrängte wirkt unterirdisch weiter, und zwar störend. Es behindert hier die Hingabe an eigene Gefühle überhaupt und das Mitteilungsbedürfnis aus Gefühlen heraus.

Aus diesem bedauerlichen Grund werden viele Jungs und Männer einsilbig oder erschrecken sogar, wenn sie darauf angesprochen werden, dass sie jetzt dieses oder jenes Gefühl haben. Sagt die Schrebergartennachbarin zu Herrn Schulz, der stolz auf seine Blumenrabatten blickt: *Gell, Herr Schulz, heute sind Sie aber mal so richtig zufrieden.* Da macht er sofort ein mürrisches Gesicht, köpft zwischen Zeigefinger und Daumen ein paar Gänseblümchen, die der Rasenmäher nicht erreicht hat, geht in sein Gartenhäuschen und brummt seine Frau an: *Die Zicke nebenan quatscht mir zu viel.* Er schämt sich einfach, dass er dabei ertappt wurde, wie er sich einem Gefühl hingab.

Die verdrängte Scham behindert bald jede Äußerung von Empfindungen überhaupt, und zwar in der Weise, dass sie diese sofort unter den Unmännlichkeitsverdacht stellt.

Vielleicht werden auch geneigte Leserinnen einwenden, dass die Sache mit der Scham doch etwas übertrieben dargestellt sei. Schließlich kennen Frauen und Mädchen dieses Gefühl doch auch. Ja doch. Aber sie schämen sich wegen etwas, wegen einer Einzelheit. Vielleicht fanden sie sich einmal zu dick oder zu dünn oder es war ihnen peinlich, dass sie in der Schule in einem bestimmten Fach nicht klarkamen. Aber sie haben daran nicht den

Zweifel geknüpft, ob sie in *richtiges* Mädchen sind, ob sie wirklich ein Mädchen sind. So können wir das Argument durchaus noch zuspitzen und sagen: Es gibt bei Mädchen und Frauen nichts dieser zentralen männlichen Scham Entsprechendes. — Wie, folglich, sollte ein Junge sich mit seiner Mutter darüber verständigen?

Was machen Jungs mit diesem elementaren Zweifel?

Die eine Sorte überschreit ihn. Das sind die, welche anderen und vor allem sich selbst ständig und verbissen ihre Männlichkeit oder, was sie dafür halten, beweisen müssen. Das werden die kleinen Machos. Sie inszenieren Überlegenheit und Coolness. Als Mitspieler oder zumindest als Publikum brauchen sie Unterlegene, Schwächere, Mädchen. Sei es, dass sie auf dem Schulweg Mädchen verängstigen, heroischerweise ja immer nur zu mehreren. Sei es, dass sie sportlich nicht so entwickelte Jungs in gnadenlosen Wettbewerben und Mutproben zur Schnecke machen. Vorpubertäre platzieren der Schwester Tintenkleckse ins liebevoll gestaltete Tagebuch. Andere legen ihr einen Regenwurm ins Bett. Später muss diese Sorte von Jungs so brutal wie möglich über die *Weiber* herziehen, einfach weil sie verachten müssen, was sie in ihrer fragilen Männlichkeit erkennen könnte. Wer hier nicht mitmacht, ist ein Weichei. Eine andere Sorte Jungs antwortet auf den Männlichkeitszweifel genau in die andere Richtung. Sie resignieren und reagieren defensiv. Sie beginnen, der Männerrolle auszuweichen. Sie meiden Situationen des Wettbewerbs mit anderen Jungs. Sie schließen sich eher (einzelnen) Mädchen an. Ihnen sind die Männlichkeitszweifel auch eher bewusst als den Machos. Sie haben wenig Freunde und ziehen sich hinter ihren PC zurück.

Nun hat der Selbstzweifel, die Verunsicherung an der eigenen männlichen Identität noch einen anderen, tiefer liegenden Grund. Es gibt, in unserer Kultur jedenfalls, einen entscheidenden Unterschied zwischen der Jungensozialisation und der Mädchensozialisation: Der Junge muss sich von seiner ersten Bezugsperson ablösen, um seine Geschlechtsrollenidentität zu finden, das Mädchen nicht. Er muss sich, um seine Geschlechtsrolle zu finden, von der Mutter, die bis dahin sein emotionaler Anker, seine selbstverständliche Sicherheit war, abwenden und die männliche Orientierung suchen, in der Regel am Vater, sonst an einer anderen Vaterfigur. Dieser Schritt fängt um das fünfte Lebensjahr herum an. Er verkompliziert die Rollenfindung und macht sie störanfälliger als bei Mädchen, die für ihr Rollenleitbild bei der Mutter bleiben können. Fehlt dann der Vater — physisch oder durch innere Abwesenheit —, kann eine Art Heimatlosigkeit um dieses Thema der Männlichkeit entstehen. Der Vorgang muss nicht notwendigerweise dramatisch sein. Er gelingt, wenn ein emotional versorgender Vater da ist. Je mehr der Vater emotional ernähren kann, umso mehr wird diese Umorientierung aufgefangen. Dennoch ist es eine Leistung, die hier vom Jungen verlangt ist, der dann typischerweise später Männlichkeit mit Leistungsbereitschaft gleichsetzt.

Wo diese Ablösung nicht gelingt, kommt es zur Ambivalenzspannung, zu einer untergründigen Unentschlossenheit, die, je mehr sie verunsichert, umso lauter überschrien werden muss durch verächtliche Distanzierung zuerst von der Mutter, dann von *den Weibern*. Mütter, die sich der Notwendigkeit dieses Entwicklungsschrittes bei ihrem Sohn bewusst sind (oder ihn intuitiv verstehen), sind hier hilfreich, indem sie ihn loslassen und fortan darauf verzichten, den Sohn als eine Art Verlängerung ihrer selbst zu betrachten.

Ein Junge zu sein und ein Mann werden zu sollen, kann also eine höchst unsichere und verunsichernde Angelegenheit sein. Man ist sich seiner selbst als Gattungsvertreter nie gewiss. Man schämt sich und man schämt sich auch noch darüber, dass man sich schämt.

Väter würden es anders machen, wenn sie dürften

Und was ist mit den Vätern? In einer Erziehungsberatungsstelle erscheinen zum Erstgespräch in 95 % der Fälle Frauen, Mütter. Daran kann man erkennen, dass Väter keine Probleme haben. Keine Probleme mit der Erziehung. Keine Probleme mit ihrer Rolle. — Oder ist dies das Problem? Dass sie keine Probleme sehen? Oder dass sie sich und anderen nicht eingestehen wollen, dass sie Probleme mit ihrer Rolle haben könnten?

Väter kommen zur Erziehungsberatungsstelle nur, wenn sie gezielt eingeladen werden, und dann auch nicht immer. Und diese Unlust oder Unsicherheit der Väter, über Erziehung und ihre Rolle dabei nachzudenken und zu kommunizieren, ist auch unabhängig davon, ob es sich um getrennte Väter handelt oder um Väter aus sogenannten intakten Familien oder um Stiefväter. Ja, Trennungsväter und Stiefväter sind, wenn überhaupt, nach unserer Erfahrung noch am ehesten bereit zum Reflexionsgespräch. Dies dann oft mit dem Tenor: *Endlich kann ich mal über meine Beziehung zu meinen Kindern sprechen, ohne von weiblichen Erwartungen und Vorhaltungen diesbezüglich bedrängt zu werden.*

Werfen wir also einen Blick auf die raue Wirklichkeit, indem wir uns eine Episode aus der Welt der Vater-Sohn-Beziehung anschauen.

Da ist die Familie Schulze. Die Mutter ist zur Kur. Sie hat Herrn Schulze schon Wochen vor Kurantritt genaueste Anweisungen gegeben: Zur Ernährung der beiden Söhne, über die jeweils erforderliche Bekleidung, über den Tagesablauf. Im Eisfach des Kühlschranks hat Frau Schulze jede Menge Vorgekochtes eingefroren und dies sodann beschriftet, was wann wie für wen zuzubereiten ist. Ein dreiseitiges Memorandum legt genauestens fest, bei welchem Wetter und welchen Gelegenheiten welche Hosen zu tragen sind. In einer weiteren Denkschrift sind Vorschläge für die Freizeitgestaltung an den Wochenenden niedergelegt: Schwimmen gehen (dabei die Schwimmflügel für den Kleinen nicht vergessen, die sind in der Garage im Stahlschrank links; hinterher den Jungs die Haare föhnen); in den Zoo gehen (Vorsicht: Nach Besuch des Streichelzoos gleich die Hände waschen, und zwar im Gaststättenpavillon gleich neben dem Streichelzoo); Nachbarskinder einladen (Achtung: Der Jörg von nebenan verführt unseren Sohn immer zum Nintendo-Spielen. Deshalb seinen Besuch auf eine Stunde begrenzen)....

Als Frau Schulze nach sechs Wochen zurückkommt, versagt ihr für einen Moment die Stimme. Der ganze Kureffekt ist dahin. Vater Schulze und Söhne sind bester Laune, erzählen durcheinander, was sie alles gemacht haben — dem Nachbarn geholfen, sein Gartenhaus zu bauen zum Beispiel. Dabei sind allerdings die Anoraks der Jungs zerrissen. — Dann haben die Kinder Papa beim Ölwechsel geholfen. Weil dabei ihre Hosen gleich ölverschmiert waren, haben sie andere Hosen angezogen noch während dieser spannenden Aktion — und diese dann leider auch wieder mit Öl verschmiert. Machte aber nichts: Papa hat gleich alle Hosen in die Waschtonne gegeben, die war sowieso schon fast voll mit Unterwäsche. — Das Eisfach ist unberührt. Man hat sich hauptsächlich bei Burger King ernährt. Einmal haben sie alle zusammen Pfannkuchen mit Nutella gemacht. Beide Jungs hatten danach Durchfall, aber riesigen Spaß hat es gemacht. — Im Kinderzimmer sieht es aus wie nach einem Tatarenangriff. Die Schulsachen, schmutzige Unterwäsche, Bonbonpapier und das Meerschweinchenfutter liegen durcheinander auf dem Boden.

Was Frau Schulze am meisten schockiert und ihr eine Vorstellung vom Untergang des Abendlandes gibt, ist jedoch dies: Dass die Jungs sich diese sechs Wochen offenbar pudelwohl gefühlt haben — und Herr Schulze auch. Der allerdings mit einem bisschen schlechten Gewissen.

Wie kommen wir zu reiner männerspezifischen Erziehung von Jungs? - Eine Wunschliste

Die skizzierten Rollen- und Entwicklungsprobleme, die Unsicherheiten und Unreflektiertheiten in der Erziehung von Jungs als Jungs gilt es nun, nicht nur zu beklagen. Wir können auch versuchen, sie als Chance und als Keim einer eigenständigen Entwicklung von Männlichkeit zu begreifen und zu nutzen.

Dafür sind nun allerdings keine Patentrezepte in Sicht, aber einige Gesichtspunkte haben sich schon herausgeschält:

Zunächst dies: Auch wenn es inzwischen ein Allgemeinplatz ist, muss es noch mal betont werden — Väter und Männer müssen generell mit einer ganz anderen Präsenz und Deutlichkeit in die Erziehung der Jungs eintreten. Gerade wegen der Labilität ihrer Identitätsentwicklung brauchen sie Leitbilder dafür, was Mannsein heißen kann. Männerbeauftragte Frauen, die solche Leitbilder verbal formulieren und als Maßstab vorgeben, verstärken die Scham und verhindern das, was sie erreichen wollen: Dass der Junge über sein Mannsein reflektiert und kommuniziert.

Jungs können nur von Männern lernen, dass man über Inneres sprechen kann, ohne tot umzufallen oder als Weichei zu gelten. Männer müssen das den Jungs vormachen. Väter müssen hier initiativ sein im Gespräch mit ihren Söhnen.

Jungs brauchen Väter, die sich mit ihrer Gefühlsseite zeigen, die erzählen können von ihrer eigenen Kindheit, auch von den jungentypischen Nöten damals, auch von den Unsicherheiten und Nöten um den eigenen Körper herum, und auch von ihren Schamerlebnissen damals. Väter sollen den Sohn fragen, wie es ihm geht, was ihn gerade beschäftigt, anstatt nur schulische oder sportliche Leistungen abzufragen. Sie sollen Zeit haben und zeigen, dass sie sich freuen, mit dem Sohn zusammen zu sein, mit ihm etwas unternehmen zu können. Sie sollen auch von sich als heute erwachsene Männer erzählen, wie es ihnen geht, im Betrieb zum Beispiel. Sie sollen es sagen, wenn sie den Verwandtenbesuch öde finden und auch lieber den Actionfilm im Fernsehen gesehen hätten, als zu Tante Erna zu gehen. Dann kann der Sohn es auch sagen, es kommunizieren, und braucht sich nicht danebenzubenehmen, wenn die Familie mit der Verwandtschaft bei Schwarzwälder Kirschtorte und Obstwasser zusammensitzt. Väter könnten die besten

Freunde ihrer Söhne sein. Das würde diese entschieden stabiler aufbauen als die sorgenvollen Ermahnungen der Mütter.

Der Junge braucht einen Vater, der präsent ist, zur Verfügung steht, einen Vater, der Verständnis zeigt und Anerkennung vermittelt und nicht ständig an dem Jungen herumnörgelt.

Der Junge braucht einen Vater, der zuverlässig ist und der nach einem Streit versöhnlich sein kann.

Der Junge braucht einen Vater, der solidarisch ist, auch wenn er einen strittigen Sachverhalt einmal anders sieht. Der Junge braucht keinen Richter als Vater.

Der Junge braucht einen Vater, der hilfsbereit ist, statt sich über Schwächen des Sohnes zu mokieren.

Der Junge braucht einen Vater, der zeigt, wie man ebenso selbstbewusst wie respektvoll mit Frauen umgeht.

Der Junge braucht einen Vater, der spielerisch kämpfen kann.

Der Junge braucht einen Vater, der Vertrauen in Männlichkeit vermittelt und der erleben lässt, dass Männlichkeit eine Innenseite hat und dass man über diese kommunizieren kann.

Väter, die unberechenbar, stur, grob, höhnisch, verschlossen sind und kein Interesse an ihrem Sohn zeigen, vermitteln eben jenes gleiche Männlichkeitsbild, das uns bei Müttern begegnet, wonach Männlichkeit etwas in sich Verschlossenes ist und vor allem für die Betroffenen kein Thema. Eigene Bedürfnisse und Befindlichkeiten werden — im Rahmen dieses Männerbildes — entweder durchgesetzt oder geleugnet. Bedürfnisse und Befindlichkeiten sind innerhalb dieses verkrüppelten Männerbildes nicht Gegenstand von Austausch.

Jungs, deren Vater sich entzieht, (nicht nur bei Trennung, das geht auch innerhalb der sogenannten intakten Familie), neigen dazu, den Vater und damit Männlichkeit zu überhöhen. Sie machen den Vater zum Popanz, zum Ferrari-Fahrer, zum steinreichen Besitzer phantastischer technischer Geräte, zum erfolgreichsten Geschäftsmann aller Zeiten, der mit Scheichs verhandelt (weswegen er ja auch keine Zeit für den Sohn hat), und so weiter.

Diese Jungs entwickeln ein überdrehtes, verkrampftes und sprachloses Bild von Männlichkeit, welches, weil es sprachlos und unkommunizierbar ist, sich leicht verselbständigt und dann destruktiv werden kann — vor allem im zwischenmenschlichen Bereich.

Der Anknüpfungspunkt

Positiv wie negativ ist der eigene Vater, selbst wenn er nicht greifbar ist, immer der Anknüpfungspunkt für diese Frage: Was ist männlich? Deshalb müssen Männer beziehungsweise Väter, die sich mit ihren Söhnen als Jungs aktiv und initiativ auseinandersetzen wollen, sich zuvor mit ihrem eigenen Vater, bzw. mit der Bedeutung, die er für sie hatte, auseinandergesetzt haben und sich dabei Fragen wie diese vorlegen:

—   Welche Art von Mann war mein Vater?

—   Wann war er warmherzig, verständnisvoll, wann kühl?

—   War er ein Vorbild dafür, Vertrauen in Männlichkeit zu haben?

— Was hat er mir positiv bedeutet? —
  Wo hat er mich enttäuscht?

— Wo konnte ich mich auf ihn verlassen,
  wo nicht?

— Wie ist er mit Konflikten umgegangen?
  Ist er ihnen aus dem Weg gegangen?
  Hat er herumgebrüllt? Oder hat er mit einer
  Grundakzeptanz versucht, Konfliktlösungen
  gemeinsam zu erarbeiten?

— Was finde ich gut und nachahmenswert an meinem Vater, wo möchte ich als Mann anders sein?

— Hat er Schwächen gehabt? Verurteile ich ihn
  heute deswegen oder kann ich sie nachträglich
  verstehen?

— Wie ist er mit meiner Mutter umgegangen?
  Welches Frauenbild hatte er überhaupt?

Die Auseinandersetzung eines jeden Mannes (und Jungen) mit Männlichkeit hat einen Anknüpfungspunkt.
Und das ist in der Regel der eigene Vater oder gegebenenfalls eine Vaterfigur. Selbst wenn ein Vater nicht präsent
ist in der Biographie des Jungen, hat auch dieser Junge
innerlich ein Bild von seinem Vater. Die bewusste Auseinandersetzung damit ist wesentlich, nicht um ein Leitbild zu finden, das man dann einfach nachmacht, sondern um eigenständig und aktiv Männlichkeit entdecken
und entwickeln zu können.

Das fremde Leben

Und dann ist da noch etwas, womit Väter sich auseinandersetzen müssen, damit eines Tages auch ihre Söhne
sich damit auseinandersetzen können: Das ist die Tatsache, dass wir Männer nicht an uns selbst erleben können, was es bedeutet, Leben empfangen, austragen und
nähren zu können. Wir wissen nicht, wie sich das anfühlt, Leben weitergeben zu können. Wir stehen insofern unter dem Zeichen einer existentiellen Ferne dem
Lebendigen, dem Vitalbereich gegenüber. Dies kann, vor
allem, solange wir uns nicht aktiv damit beschäftigen,
eine elementare Unsicherheit dem Lebendigen gegenüber bedeuten.

Natürlich, intellektuell und rational gehen wir Männer
dieser Frage nach dem Leben schon nach. Wir können
zum Beispiel Wissenschaftler werden und als Biologen,
Chemiker oder Mediziner Leben analysieren, sezieren
und da heraus auch heilen. Wir entdecken dann aber
auch die Möglichkeit der künstlichen Befruchtung, der
Eingriffe in die Gene und des Klonens. Das sind ja ty-
pische Männerdomänen, auch wenn inzwischen auch
Frauen auf solchen Gebieten arbeiten. Die These hierzu
ist: Frauen brauchen den analysierenden und sezieren-
den Zugang zum Lebendigen nicht, sie haben die Möglichkeit des Erfahrungszugangs. Männer aber haben zunächst keine andere Zugangsmöglichkeit — so scheint
es ihnen jedenfalls.

Wenn Männer den skizzierten Erfahrungsmangel
nicht reflektieren als einen elementaren Hintergrund
ihres Erlebens und Handelns, kann ihnen die analysie-
rende Beschäftigung mit Leben ins Destruktive geraten.
Dann werden chemische oder biologische Kampfstoffe

erfunden; das Leben abtötende Substanzen werden entwickelt; menschliche Beziehungen werden formalisiert
und bürokratisiert, und es werden Kriege vom Zaun ge-
brochen, um Frieden zu erreichen. Das ist leider typisch
männlich.

Wenn man sich mit diesem Thema der grundsätzlichen
Lebensferne oder Fremdheit dem Leben gegenüber aus-
einandersetzt, welche zum Mannsein gehören, so sieht
man, dass es nicht notwendigerweise ein Defizit ist und
dass es noch andere Zugänge zum Wesen des Lebendigen gibt außer dem analytischen. Diese Lebensferne enthält auch die Chance zu innovativer Grenzüberschreitung, zu produktiver und konstruktiver Radikalität, sei
es im Denken, im künstlerischen Bereich oder im reli-
giös-spirituellen.

Dies sei an einem Beispiel illustriert. Am deutlichsten
hat wohl der Schweizer Maler und Bildhauer Alberto
Giacometti diese Fremdheit dem Lebendigen gegenüber
formuliert — und als Grundlage seines Schaffens frucht-
bar gemacht. Sein Schlüsselerlebnis zu diesem Thema
hatte er, wie er als junger Mann, aus einer Kunstausstel-
lung kommend, auf die Straße tritt: Da kreuzen drei
quicklebendige jugendliche Mädchen seinen Weg, scher-
zend, quirlig, vibrierend vor Lebendigkeit, prall voll fri-
schem Leben. Giacometti erschrickt und ist zutiefst verunsichert. Mit einem Schlag wird ihm klar, wie fern und
fremd er als Mann vor dem prallen Leben steht. Die Mädchen erscheinen ihm maßlos, überdimensioniert in ihrer prallen Lebendigkeit. Er ist entsetzt über die Unmit-
telbarkeit des physischen Lebens. Und er weiß, dass er
letztlich nicht versteht, was Leben ist.

Seine Kunst entsteht von nun an aus dem Ringen

darum, Lebendigkeit, Leben gestaltend nachzuvollziehen und nachzuschaffen. Er hat dies seiner Meinung nach nie erreicht. Aber er hat Kunst geschaffen. Bekanntlich wurden seine Plastiken immer kleiner und unkörperlicher, je mehr er versuchte, ihre Lebendigkeit zu fassen.

Was bedeutet nun diese existenzielle Lebensferne des Mannes, des Vaters für das Thema der Jungserziehung? Auf jeden Fall dies: Wichtiger als pädagogische Väterkurse, wichtiger als die Nachahmung der Mutterrolle durch den (andernfalls hilflosen) Vater und wichtiger als Anweisungen von Frau Schulze, wie ihr Mann als Vater mit den Kindern im Detail umgehen sollte, ist es, das der Vater seine Rolle und Aufgabe als Chance der Annäherung an das Leben, an das Lebendige, an das Werdende reflektiert und begreift. Nur die Reflexion über Männlichkeit und in diesem Zusammenhang die Reflexion über die eigene grundsätzliche Fremdheit dem Lebendigen gegenüber macht uns als Väter für unsere Söhne authentisch. Und das ist es, was Söhne brauchen: Die Authentizität des Vaters als Mann.

Dieser Frage nach der Vaterrolle und der Bedeutung des Vaters für Jungs ist nicht mit Verhaltensanweisungen beizukommen, schon gar nicht, wenn diese von Frauen und Müttern gegeben werden. In der Erziehungsberatung gelingt es manchmal, Vätern Lust zu machen, sie neugierig zu machen auf die Vaterrolle. Es ist allen Vätern zu wünschen, dass sie mit herzlichem Interesse statt mit schlechtem Gewissen mit ihrer Rolle experimentieren und ihre Erfahrungen, die sie dabei machen, auch die Gefühlserfahrungen, sich zu kommunizieren trauen.

Der Junge weiß in seinem Kopf von dieser männlichen Irritation über die Lebensnähe der Frau natürlich nichts. Aber er spürt es untergründig. Und je nach Temperament reagiert er darauf: Mit destruktiver Grenzüberschreitung, mit Verachtung oder Misshandlung des Lebendigen, mit Grenzüberschreitungen im sozialen Bereich, oder er übertönt diese Unsicherheit mit Machogehabe.

Es gibt auch gute Gründe, anzunehmen, dass die Anziehung durch Pornografie, der viele Männer nachgehen, hier eine Ursache hat. Was man nicht versteht, dessen versucht man — Mann — sich auf eine übertreibende, gleichzeitig missachtende, faszinierte und destruktive Weise zu bemächtigen. Die Ratlosigkeit vor dem Leben führt zur (realen oder phantasierten) Unterwerfung der Frau als Trägerin des Lebens mittels einer Sexualität, die in sich leerläuft, weil sie ihren Sinn nicht kennt.

Es kann eine Hassliebe zur Frau entstehen, wie sie dann bei den großen Jungs typisch ist, die als Kardinäle und Imame einerseits die Frau am liebsten verbannen oder verstecken würden (unter Burkas oder am Herd), sie aber andererseits irrational verehren bis zur Vergöttlichung. So radikal ambivalent geht man mit etwas um, das man nicht versteht und das einen eben deshalb bedrängt, verunsichert, bedroht.

Spätestens hier — hilflos vor dem Rätsel des Lebendigen — erkennt der Mann in einem Hinterstübchen, dass er zum existentiell schwächeren Geschlecht gehört. Er hat es immer schon geahnt, seit er bei seiner Mutter, seiner Schwester, bei Mitschülerinnen die rätselhafte Selbstverständlichkeit erlebt hat, mit der sie mit dem Lebendigen umgehen können. Als erwachsener Mann verschließt er das Hinterstübchen mit patriarchalischem Gehabe und männerbündischen Religionen, wie sie zum

Beispiel der Katholizismus und der Islam darstellen. Das Hinterstübchen hat aber noch eine Hintertür. Durch diese dringt die Sehnsucht, sich mit dem Feminin-Lebendigen identifizieren zu können, und setzt sich insgeheim durch in transvestitenhafter Kleidung: Dass die obersten Repräsentanten solcher Religionen zeremoniell in Frauenkleidern herumlaufen, hat augenscheinlich auch diese Dimension.

Brauchen Jungs Mütter?

Ja.
Was kann hier die Rolle der Frau und Mutter sein, wo es darum geht, dass der Junge sich mit den Möglichkeiten des Jungeseins möglichst unbefangen auseinandersetzen kann? In der Erziehungsberatung können Mütter ermuntert werden, sich aus diesem Teil der Erziehung ihrer Söhne herauszuhalten. Vielleicht trägt es zu ihrer Entlastung bei, sich klarzumachen, dass sie für die Männlichkeitsfragen gar nicht zuständig sind. Das Verhältnis zwischen Mutter und Sohn ist gesund, wenn sie ihn als einen Vertreter des anderen, ihr fremden, Geschlechts insofern als fremd zu betrachten sich getraut — ohne Zuständigkeitsanspruch und dennoch mit herzlichem Interesse. Frauen können ganz einfach nicht wissen, was männliche Identität von innen her sein kann und bedeutet. Es wäre in diesem Zusammenhang sogar hilfreich, wenn eine Mutter bei Gelegenheit zu ihrem Sohn bemerken würde, dass Männer offenbar eine Innenseite haben, zu der sie als Frau keinen Zugang hat, und dass sie diesen Zugang auch nicht beansprucht.

Jungs sollen nicht (wie manchmal von Frauen zu

hören ist) ihre *weibliche Seite* kennenlernen müssen und schon gar nicht durch Frauen. Sie müssen erst einmal ihre männliche Seite in ihren ja eigentlich vielfältigen Variationsmöglichkeiten entdecken. Auch dafür brauchen sie gesprächsfähige Väter — und hin und wieder die Mutter, die interessiert zuhört anstatt zu beurteilen.

Die traditionelle Feminisierung der Pädagogik in Kindergarten und Schule ist in diesem Zusammenhang jedenfalls nicht hilfreich.

Und apropos Schule: Unbedingt zu empfehlen sind Versuche mit teilweise geschlechtsgetrenntem Unterricht. Ein Beispiel: Häufig machen Jungs, wenn etwa ein Rilke-Gedicht besprochen wird, nicht mit, klinken sich aus, machen Unsinn. Sie spüren ihre geringere Sprachkompetenz und zweitens ihre Scham, Inneres, wie es durch solch ein Gedicht angesprochen wird, zu äußern. Erste Erfahrungen zeigen, dass bei einem solchen Stoff die Jungs sehr wohl (wenn auch anfangs vielleicht etwas holprig) in die Auseinandersetzung mit dem Gedicht kommen, wenn sie unter sich sind und von einem Lehrer angeleitet werden statt von einer Lehrerin. Es macht dann Sinn, nach einer solchen getrennten Stunde, die Ergebnisse zusammenzutragen. Das ermöglicht den Jungs, über ihre Zugangsweise zu einem solchen Stoff zu reflektieren.

Auch wäre es hilfreich, wenn das Thema *Jungesein* auch in der Schule aufgegriffen würde — anhand geeigneter Literatur, in Rollenspielen, durch Erfahrungsberichte beider Geschlechter, durch Kulturvergleiche (Was gilt in Afrika als *männlich*? Wie wachsen Jungs in Polynesien auf? Usw). Auch hier wäre das Thema sowohl geschlechtsgetrennt wie kombiniert zu erarbeiten.

Auf jeden Fall wäre das Thema von Männern, Lehrern, aufzubringen. Wenn eine Lehrerin das Thema einbringt, wird es wahrscheinlich schon wieder schwieriger für die Jungs, sich darauf einzulassen.

Trotz allem: Es gibt sie, die selbstbewußten Jungs

Bei diesem Thema der Jungenerziehung kommt es also nicht auf Patentrezepte an (die wir sowieso nicht haben). Wichtiger ist die Einstellung, mit der wir —Männer wie Frauen — an Jungs pädagogisch herangehen. Statt ständig zu be- und verurteilen, kommt es darauf an, Interesse zu zeigen und damit Raum zu schaffen dafür, dass der Junge für sich und zusammen mit Jungs und Männern herausfinden kann, was Männlichkeit für ihn bedeutet, wie er als Mann sein möchte.

Trotz all dieser problematischen Aspekte, kommen ja die meisten Jungs zurecht. Hierfür zum Schluss ein Beispiel:

Paulchen, 9 Jahre alt, hat sich im Freibad hinter die Umkleidekabinen der Mädchen verdrückt. Ein Schulkamerad hatte ihm den heißen Tip gegeben, dass dort ein Astloch sei. Nach einigen Minuten wird er vom Bademeister bei seinem Forschungsprojekt erwischt. Dieser schimpft ihn aus und überstellt Paulchen dann der väterlichen Gerichtsbarkeit. Der Vater hält nun seinerseits eine eindrucksvolle Strafpredigt und endet mit der Frage an seinen Sohn: *Und was hast du dazu zu sagen?* Darauf Paulchen: *Ach, Papa, das was du auch immer sagst: Hauptsache, wir sind gesund.*

Zum Weiterlesen

Keding, Joachim
Von nun an gehts bergauf
Gesundheitspflege initiativ, Esslingen 2002

Meier, Ulrich
Männerwerkstatt
Verlag Urachhaus, Stuttgart 2005

Meier, Ulrich; Pohl, Rolf; Schäfer, Reinhold H.
Männliche Sexualität - Drama & Entwicklungschance
Gesundheitspflege initiativ, Esslingen 2010

Wais, Mathias; Meier, Ulrich
Projekt Mann
Verlag Mayer, Stuttgart 2002

Ulrich Meier*

Wie erfahren Jungen ihre Initiation ins Mannsein?

* Seit Projektbeginn 2003 regelmäßiger Referent und Workshopleiter bei
MännerLeben® -Kongressen in Esslingen, Stuttgart und Hannover

Wie erfahren Jungen ihre Initiation ins Mannsein?

Für viele naturverbundene Kulturen geschieht es in einem festgelegten Übergangsritual: Die Jungen werden im Alter der Geschlechtsreife von den Müttern getrennt, lernen in der Wildnis durch die alten Männer, was das Mannsein ausmacht und ziehen mit einem Freudenfest als initiierte Männer wieder in die Gemeinschaft ein. Unserer von der Natur entfremdeten Zivilisation fehlt an dieser Stelle etwas entsprechend Eindeutiges, nicht nur was die Klarheit des Rituals betrifft, sondern auch in Bezug auf die Inhalte. Wie können Jungen auf ihre Mannwerdung vorbereitet werden? Was macht sie stark? Welche Unterstützung können Mentoren ihnen dabei geben?

Zum Begriff der Initiation

Der französiche Ethnologe Arnold van Gennep hat in seinem gleichnamigen Buch 1909 den Begriff *Les Rites de Passage* (Übergangsriten) geprägt. Im Vergleich unterschiedlicher Kulturen ergibt sich für ihn neben der Tatsache, dass die jeweilige Form der Riten nicht von einer in die andere Gesellschaft übertragen werden kann, für alle Initiationsmomente sowohl innerhalb des individuellen Lebens als auch innerhalb von Gruppen eine deutliche Gliederung der Vorgänge in drei Stufen:

1. Trennungsriten *(rites de separation)*
2. Übergangs- bzw. Schwellenriten *(rites de marge)*
3. und den rituellen Zyklus abschließende
   rites d'agrégation (Angliederungsriten)

Was zunächst als eine Parallele zu antiken Einweihungs-
vorgängen in der Doppelgestalt von Tod und Wieder-
geburt erschien, braucht nach der Beobachtung van
Genneps einen eigenen Übergang zwischen den beiden
gegensätzlichen Elementen von Trennung und Wiedervereinigung. Auf der Basis dieser Beobachtung wird in
diesem Beitrag weniger nach den Extremsituationen
von Sterben und Geborenwerden gesucht, als nach dem
Phänomen des Übergänglichen, das in unserer Kultur
für die lange Zeit zwischen dem Ende der Kindheit und
der Reife der in sich *angekommenen* Persönlichkeit von
besonderer Bedeutung zu sein scheint.

Große und kleine Schwellenübergänge

Mit der Geburt vollzieht sich für ein Kind ein erster fun-
damentaler Schwellenübergang, der schon als Natur-
vorgang die Elemente einer Initiation beinhaltet: Der
Neugeborene verlässt die schützende Hülle des Mutter-
leibs und ihm wird mit der Durchtrennung der Nabelschnur die versorgende Verbindung zur Mutter genommen. Bevor mit dem ersten Atemzug der erste nicht
mehr von der Mutter vermittelte Bezug zur Welt aufge-
nommen wird, findet sich hier nur ein kleiner Augenblick des Übergangs, der im Geburtsgeschehen oft kaum
auffällt. Mit dem Tod als der letzten initiatischen Erfahrung schließt sich der Kreis des menschlichen Lebens
im Leib. Auch hier ist das zarte Phänomen des Übergangs oft kaum fassbar. Die Initiation von Jungen in das
Mannsein ereignet sich zwischen diesen beiden Ereig-
nissen in vielen kleinen und größeren Erfahrungen des
Schwellenübergangs. Auf der Suche nach angemessenen

Formen, die Übergänge rituell zu würdigen, kann es demnach keine einmaligen und abgeschlossenen Akte geben, sondern es ereignet sich in der oft unspektakulären Begleitung der kleinen und größeren Verwandlungen. Für diese Betrachtung wird der Schwerpunkt auf die Schwellen im Umkreis der Geschlechtsreife gesucht.

Mit dem besonderen Blick auf die Jungen kann gesagt werden, dass sie von Geburt an in einer zweifachen Weise konkreter als die Mädchen mit dem Thema der Grenzerfahrung zu tun haben: Der Hirnforscher Gerald Hüther spricht davon, dass bei neugeborenen Jungen *im Gehirnorchester Pauken und Trompeten vorn sitzen,* sprich: Sie haben einerseits eine gröbere, *lautere* Struktur und Dynamik und andererseits eine größere Labilität in der Anlage ihres Gehirns. Während bei den Mädchen eine auffallend bessere Vernetzung und eine stärkere funktionale Gliederung zu finden ist, sind Jungen von Anfang an das riskantere Geschlecht: Die Spannung zwischen starkem Impuls und schwacher Grundlage ist im grenzsuchenden Verhalten der Knaben wiederzufinden.

Jede Raumerfahrung ist neben der Wahrnehmung von Zeit das fundamentale Erlebnis, das die leibliche Existenz mit sich bringt. Der nicht verkörperten Seele muss die Erfahrung eines begrenzten Raums und einer abgemessenen Zeit fremd bleiben. Sich nach und nach in Abgrenzung zu anderen selbständigen Wesen als fokussierte Identität fühlen zu können, birgt zugleich das Glück des Eigenen und den schmerzlichen Verlust des unmittelbaren Zusammenhangs mit Welt und Mitmenschen. Viele weitere Schwellen im Raum und in der Zeit

kennzeichnen den Lebensweg des langsam heranwachsenden Kindes und halten immer die doppelte Erfahrung schmerzvoller Trennung und Einsamkeit bzw.
die der Freiheit und Selbstbestimmung bereit. Diese ganz
archaischen Grenzerfahrungen haben jedoch noch nicht
den Charakter von Riten. Zu dem mehr oder weniger
unbewusst erlebten Schwellenübergang kann als ein
aus der jeweiligen Kultur gebildetes bewusstes Erleben
hinzutreten, was als geführter Ritus die Schwellenüber-
gänge markiert und feiert.

Ein erster Schritt dazu ist, dass die begleitenden Erwachsenen dem Kind ermöglichen, solche Momente des Ver-
lassens einer gewordenen Form, des Aushaltens im Übergang und des Ergreifens einer hinter der Zeit- oder Raum-
schwelle liegenden neuen Selbstfindung durchzumachen. Als Erwachsener muss ich mein Kind loslassen,
damit es seinerseits das Gewohnte verlassen und den
Weg zur Grenzerfahrung gehen kann. Ich muss als Erwachsener ertragen, dass mein Kind im Übergang un-
sicher, unruhig oder aggressiv wird. Und schließlich gilt
es, das Kind nach der Grenzerfahrung in seiner neuen
Gestalt anzunehmen, damit es sich selbst annehmen
kann. Zugleich philosophisch und alltäglich kann es so
formuliert werden: Ich muss meinem Kind zu seiner
Selbstwerdung Raum geben und Zeit lassen.

Einweihung in die Welt von Raum und Zeit über den Leib und seine Sinne

Aus dieser Perspektive versteht es sich von selbst, dass für die erste Begleitung der Kinder in den konstitutiven Erlebnissen ihrer menschlichen Existenz eine besondere Achtsamkeit für jede Begegnung mit den räumlichen Gegebenheiten nötig ist. Neben den über die Sinne vermittelten Erfahrungen der räumlichen Umgebung spielt dabei auch die Selbstwahrnehmung des Körpers eine wichtige Rolle. Je natürlicher und vielseitiger der Raum und die in ihm wahrzunehmenden Dinge gestaltet sind, desto selbstverständlicher finden sich die Kinder in den beglückenden und schmerzlichen Elementen der Raumerfahrung zurecht. Den Kindern erschließen die natürlichen und vielfältigen Sinneserfahrungen bis in die Ernährung eine differenzierte Ausbildung ihres Körpergefühls, das ihnen ein basales Empfinden für zuträgliche und abträgliche Sinnesempfindungen ermöglicht.

In der selbst geübten Bewegung des Leibes durch den Raum erfahren sie die urtümliche Eigenart von Grenze und Grenzüberwindung: An Wänden, Treppen, Schwellen und Entfernungen erleben sie deren Widerstand, in Bewegungsfreude, Entdeckerlust, in Unvermögen und Erschöpfung das Verhältnis ihres Leibes zu den Grenzen außerhalb. Dabei ist die Grenzerfahrung immer nach zwei Seiten möglich: Eine Grenze schränkt mich in meinem Bewegungswillen ein und bietet zugleich eine hilfreiche Orientierung für diesen Willen, der seine stärkste Kraft in der Grenzüberwindung erfährt.

Der Junge und sein erster Held: Der Vater

Jungen unterscheiden schon recht früh sehr genau zwischen der Zuwendung der Mutter und der des Vaters. In ihrem mythischen Bewusstsein finden sich Bilder und Urbilder männlicher Helden, die in ihrer Erfahrungswelt wiedergefunden werden wollen. Wurde in den 1990-er Jahren oftmals über den abwesenden Vater geschimpft, finden sich in neueren Veröffentlichungen Würdigungen väterlicher Versuche nach dem Niedergang des Patriarchats. Dieter Thomä etwa hat in seinem Buch *Väter* eine ausgezeichnete geschichtliche Darstellung der Entwicklung unseres heutigen Vaterbildes gegeben. Bereits am Ende des 18. Jahrhunderts waren in dreifacher Weise die bis dahin geltenden Vaterbilder in Europa abhanden gekommen: Nach dem Verlust des himmlischen Vaters mit dem Beginn der Aufklärung wurde mit der französischen Revolution auch der Landesvater abgeschafft und schon damals war auch in den Familien die Rolle der Väter nicht mehr selbstverständlich ausgefüllt. Familie wurde dadurch entweder zum *Stauraum*, in dem Väter ihre Söhne mit der Forderung nach unbedingtem Gehorsam unterdrückten oder zum *Leerraum*, in dem der abwesende Vater vergeblich gesucht wurde. Das klingt über weite Strecken pessimistisch. Das abschließende Kapitel seines Buchs ist jedoch folgendermaßen überschrieben: *Die Wiederkehr des Vaters.* In den vergangenen 10 Jahren hat sich auf dem Gebiet der engagierten Väter nach seiner (und auch meiner) Wahrnehmung erfreulich viel Positives getan.

Jeder Junge hat einen Vater und möchte genau an und mit diesem die erste Erfahrung von Mannsein machen.

Der geschichtliche Verlust ist auch eine Chance: Wir können den Jungs heute nicht mehr die Väter sein, die es früher einmal gab, sondern wir können als Väter nur wir selbst sein. Axel Hacke hat in seinem jüngsten Buch ein schönes Plädoyer dafür gehalten, als Vater erstmal einfach nur da zu sein. Wir müssen nicht den Helden spielen, der wir nicht sind, sondern können darauf vertrauen, dass unsere selbstverständliche Anwesenheit in der Beziehung zu den Söhnen bereits eine starke Sache ist. Haben wir darüber hinaus noch einen guten Bezug zu den Jungensachen in unserer eigenen Kindheit und eine Ahnung von der Bedeutung des Grenzen überwindenden Helden, dann können wir den Jungen auch Erfahrungen ermöglichen, die für uns selbst noch nicht möglich waren.

Die eigenen Grenzerfahrungen würdigen

Ich war im September 2010 vier Tage und vier Nächte allein in der Wildnis der Sinaiwüste und habe dort im Fasten eine rituelle Erfahrung meiner eigenen Grenzen gesucht. Dem stufenweisen Loslassen der gewohnten Zivilisation folgte das Ausgesetztwerden in der Wüste. Im Verweilen des Übergangs über die vier Tage und vier Nächte habe ich auf der einen Seite aufgesucht, was ich in meinem Leben noch nicht losgelassen habe, aber nun gern hinter mir lassen würde: Wovon möchtest du dich trennen, weil es dich an Altem festhält? Auf der anderen Seite habe ich mich auf die Suche danach begeben, mit welchen Lebensbereichen und Kräften ich mich stärker verbinden möchte, was ich als mir zugehörig betrachten will: Was ist deine Vision für die nächsten

Jahre? Welchen Dingen willst du Raum geben und dir für sie Zeit nehmen? Am Ende hatte ich ein Bild vor Augen, das mir eine neue Verbindung mit mir selbst nahelegte — wo, wann und wie, muss ich bei den nächsten kleinen und größeren Schwellen in meinem Leben noch herausfinden.

Die mütterlich versorgende Zivilisation zu verlassen macht zunächst ängstlich und führt in Schwäche und Ohnmacht. Den Übergang allein durchgemacht zu haben, die Grenze aus eigener Kraft berührt und überwunden zu haben, lässt in der Rückkehr zum neuen Leben auf ungewöhnliche Weise eine innere Stärke wachsen. Diese gewaltige Dynamik einer extremen Schwäche, die sich in eine ungeahnte Kraft verwandelt, habe ich in meinem Leben schon oft in zarteren Formen durchlebt, aber nie in einer solchen Vollständigkeit, Klarheit und Eindeutigkeit, wie auf dieser begleiteten Initiationsreise. Ich habe ein neues Verhältnis zu den königlichen und kriegerischen Anteilen von Männlichkeit gefunden und die in mir lebendigen Archetypen des Liebhabers und Magiers für diese Erfahrung nutzen können. Dankbar habe ich mehr und mehr Bewegung und Erfahrung in diesem doppelten Spannungsfeld männlicher Identitäten gemacht — endlich erlöst von der Sorge, der Vorstellung eines für alle Männer geltenden Bildes nicht genügen zu können.

Auch für die Jungen gilt die immer wieder zu durchlebende Erfahrung: Wer sich einer Grenze annähert, spürt Angst, aber auch den Reiz, an dieser Grenze anzustoßen und sie womöglich zu überschreiten. Begebe ich mich durch den Übertritt in das Niemandsland, das mir durch die zunächst erkennbare Grenze versperrt war, gehe ich durch die Ohnmacht des Unzugehörigen und ahne zugleich etwas von dem Königtum, das ich in dem noch unbegangenen Land für mich erringen kann. Die eigenen Möglichkeiten und Ängste gegenüber Menschen kann ich in spielerischer Nähe und Distanz ausbauen und besonders im Kontakt mit anderen Jungen und Männern reflektieren lernen. Am Ende einer jeden initiatischen Grenzerfahrung ist die Angst vergessen, wenn ich realisiere, dass jenseits des vorher Zugänglichen ein hinter der Grenze sich öffnender Raum erfahrbar geworden ist. In ihm entdecke ich nicht nur eine neue Welt, sondern mich selbst in diesem Raum erneuert und gestärkt.

Widerstände und Zerrbilder

Seit dem Beginn der Industrialisierung in Europa bewegt sich unsere Zivilisation in eine die Raum- und Körpererfahrung entfremdende Kultur der Ersatzbewegung und Scheinräumlichkeit, deren Auswirkungen wir für unser Thema im Auge behalten müssen. Jede mechanische Maschine schenkt uns eine willkommene Befreiung von anstrengender körperlicher Arbeit und behindert uns zugleich an existentiell wichtigen Erfahrungen unserer Leiber an sich selbst und im Raum. Mit der zweiten technischen Revolution durch den Einsatz des Computers in den vergangenen 20 Jahren gewinnen wir scheinbar unbegrenzten Zugang zu Informationen und Fotos, zugleich wird vor dem Bildschirm mit dem Gesichtssinn der für die Orientierung im Raum entscheidende Sinn durch die Ersatzwelt der Virtualität von seinen basalen

Raumerfahrungen entfremdet. Gleichzeitig bewirken die Bildmedien eine Art Staubsaugereffekt gegenüber der Zeit: Vor den Bildschirmen verlieren die Nutzer latent das realistische Maß der Zeit.

Eine sinnvolle Reaktion auf diese aktuellen zivilisatorischen Gegebenheiten seitens der pädagogisch Verantwortlichen wird sich weniger in der Begrenzung von übermäßiger Maschinenbenutzung durch Kinder und Jugendliche aussprechen, sondern vielmehr in einer gezielten und umfassenden Förderung von Raum- und Körpererfahrungen in allen Altersstufen. Durch einen selbstverständlich vorgelebten Verzicht der Erwachsenen auf überflüssige Nutzung von Maschinen und Medien erfahren Kinder und Jugendliche, dass nicht alles technisch Mögliche auch sinnvoll sein muss. Wird zudem eine die Bewegungsarmut vieler Berufe ausgleichende Kultur der Körperbetätigung gepflegt, an der die Kinder Anteil nehmen können, dann ist auch ein positives Signal für das kindliche bzw. jugendliche Engagement z.B. in Sport-, Wander- und Pfadfinderguppen gegeben.

Zu den Zerrbildern initiatischer Erfahrung gehören alle Verletzungen von Grenzen, die dem Kind gegen seinen Willen zugefügt werden. Wer als Erwachsener Kinder manipuliert, weil er nicht die Kraft hat, sie mit klaren Grenzen zu konfrontieren, macht sich eines grenzverletzenden Übergriffs schuldig, der das Kind lähmt statt es zu stärken. Das gilt selbstverständlich auch für alle Formen von gewaltförmigen Misshandlungen seitens der Erwachsenen. In den verschiedenen Altersstufen und vornehmlich unter Jungen gibt es aber auch degenerierte

Initiationsformen, die in Gruppen auf fatale Weise tradiert werden können: Demütigungen, sogenannte *Mutproben*, schmerzhafte oder gefährliche Aufnahmerituale, wie sie immer wieder auch beim Militär oder in Internats-, Lehrlings- und Studentengruppen vorkommen. Solche Riten ermöglichen den *Initianden* keine konstruktiven Erfahrungen von Schwäche und Stärke, sondern wirken sich destruktiv als Beschämung und Entwürdigung, bei mangelnder Verarbeitung auch in der Bereitschaft aus, Anderen die Schmerzen zuzufügen, die man selbst zu ertragen hatte.

Eine andere Form, in der Grenzüberschreitung destruktiv wird, findet sich im Bereich der Süchte, bei denen sich die zerstörerische Seite der Grenzverletzung gegen die eigene Seele bzw. den eigenen Körper richtet. Grenzerfahrungen werden dabei nicht durch aktives Tun mit dem Körper in Raum und Zeit gemacht, sondern sie werden durch passiven Konsum von Stoffen oder Sinnesreizen aus der Welt in der eigenen Seele und im Körper ausgelöst. Erfahre ich im einen Fall meine Möglichkeiten in der räumlich gefügten und zeitlich begrenzten Welt, so entfremdet mich im anderen Fall die süchtig machende Erfahrung in mir vom Sinn meines selbstbestimmten Lebens.

Pädagogisches Handeln an der Grenze

Es gehört zu den grundlegenden Aufgaben der Erwachsenen, den ihnen anvertrauten Kindern pädagogisch sinnvolle Grenzen zu setzen. Parallel zur technischen Entwicklung unserer Zivilisation geht jedoch eine Entwicklung in der pädagogischen Haltung vor sich, die uns Erwachsenen heute das Setzen von Grenzen erschwert. Immer stärker wird das Bedürfnis auch schon im Zusammenleben mit sehr kleinen Kindern, die notwendigen Entschlüsse des Alltags im Einvernehmen mit den Kindern zu finden. Haben Eltern in ihrer eigenen Kindheit zum Teil beschämende und unsinnig harte Einschränkungen seitens ihrer Eltern erlitten, so wünschen sie sich für das Leben mit ihren Kindern ein familiäres Klima der Gemeinsamkeit. Umgekehrt erleben sie an den Kindern eine zunehmende Orientierungslosigkeit und sehen sich durch das Fehlen von Grenzen durch aggressives Verhalten und die wachsende Tyrannei der Kinder bestraft.

Was hilft, ist das Vertrauen, dass ich zunächst meine eigenen Grenzen als Erwachsener im Zusammenleben mit Kindern ernst nehmen darf und daraus in der gebotenen Gelassenheit auch Grenzen für die mit mir lebenden Kinder ableiten kann, die nach dem ersten Anstoß oft als Orientierungshilfe gern angenommen werden. Im individuellen Begegnungsraum zwischen Erwachsenem und Kind lassen sich die jeweils lebendigen und vom Erwachsenen aus der konkret empfundenen Verantwortung formulierten Grenzen finden, die den kindlichen Willen nicht brechen, aber ihm Widerstand bieten, an dem er wachsen kann. Dass die Grenze immer auch ein Ort der Prüfung, des Versagens, des Übertritts und des grenzüberschreitenden Entwicklung (von beiden Beteiligten) ist, macht deren Handhabung nicht leichter, aber im Prinzip lebensgemäßer.

Vorpubertäre Schatten des Initiationslichts

Lügen, Stehlen, Weglaufen — drei Grenzüberschreitungen, die Kinder in der Zeit vor der Pubertät in mehr oder minder milder bzw. ernsthafter Form durchleben. Für die Eltern ist das Auftauchen dieser Verhaltensweisen oft mit großer Not verbunden: Vertraut mir mein Kind nicht mehr, dass es sich in die Unwahrheit flüchtet? Habe ich meinem Kind zu wenig gegönnt, dass es sich jetzt heimlich nimmt, was es braucht? Bin ich zu streng gewesen, sodass mein Kind nicht mehr bei mir leben möchte? Zunächst einmal markiert entsprechendes kindliches Verhalten nur den Übergang über bisher eingehaltene Grenzen: Die Vielschichtigkeit von Wahrheit wird erprobt, die Grenze zu einer anderen Dimension des Wirklichen gesucht, wo mit der Wahrheit *kreativ* umgegangen wird. Weiter stellt sich die Frage nach dem Besitz? Wem gehört eigentlich die Welt? Und am Ende ist es die Frage danach, wo ich wirklich hingehöre, wo meine Heimat ist.

Natürlich sind die Probleme mit dem grenzverachtenden Verhalten noch nicht produktiv gelöst, sondern es stiftet zunächst einmal Verwirrung und Ärger. Aber wieder einmal — wie schon in der frühkindlichen Trotzphase oder in der leisen Distanzierung der 9-Jährigen von ihren Eltern — sind die Probleme zugleich Signale eines Aufbruchs. Die Loslösung aus der Geborgenheit und Versorgung durch das Elternhaus steht an, selbst wenn heute zuweilen bis in die späten 20er-Jahre bequem im *Hotel Mama* verblieben wird. Aber schon jetzt muss es einmal in Frage gestellt werden, damit alle Beteiligten — nicht zuletzt die Eltern — diesen unwillkürlichen Anstoß aufgreifen und nach einer Kultur der Ablösung suchen.

Distanz hilft: Von Mentoren außerhalb der Familie

Beziehung ist eine oft unterschätzte Größe — auch in der professionellen Pädagogik. Auf der Basis einer lebendigen und positiven Beziehung in der Familie können viele pädagogische Alltagsabenteuer zwischen Erwachsenen und Kindern gut ertragen werden. Gerade die schwere Kunst des Grenzsetzens gelingt umso besser, je stärker ich mich darauf verlassen kann, dass mein Kind mit seinem lautstarken Protest auch dokumentiert, wie stark unsere Beziehung ist: Wir sind so vertraut miteinander, dass wir streiten können, ohne Angst haben zu müssen, dass darum die Beziehung infrage gestellt wird. Gerade weil Emanzipation und Loslassenmüssen wichtig ist, kann und soll in der Tiefe der Eltern-Kind-Beziehung eine emotionale Verbundenheit bestehen bleiben, vor allem, wenn das groß gewordene Kind sie frei suchen darf.

Dennoch gibt es Lebens- und Erziehungsbereiche, die besser in der Distanz gedeihen — entweder, weil das Kind sich seine Mentoren selbst im weiteren sozialen Umkreis suchen möchte oder weil die Eltern für bestimmte

Fragen und Themen nicht souverän sind. So gibt es beispielsweise im Bereich der Sexualaufklärung viele Felder, die selbstverständlich im unverkrampften Gespräch innerhalb der Familie gut bestellt werden können. Manches geht aber auch besser mit Profis, die von den Kindern gerade deshalb geschätzt werden, weil sie in Distanz zur Familie oder auch zur Schule stehen. Und nicht wenigen Männern fällt es mit zunehmendem Alter leichter, ein aus der Distanz arbeitender Mentor für Jungengruppen zu sein, als mit den eigenen Söhnen die Nöte der Nähe durchzumachen. Kürzlich hörte ich, dass in vielen Kulturen die Großväter die Initiation der Jungen leiten ...

Gespräche mit 12-jährigen Jungen über Sexualität

Seit etwa 10 Jahren biete ich in Zusammenarbeit mit einer befreundeten Hebamme Einheiten in Sexualkunde für 6. Schulklassen an — oft in Ergänzung zu entsprechenden Vorarbeiten der Lehrerinnen und Lehrer. Während meine Kollegin an den drei Vormittagen mit den Mädchen zusammen ist, komme ich mit den Jungen ins Gespräch. Uns ist deutlich geworden, dass die Kinder umfangreiches Detailwissen haben, oft fehlen ihnen aber die Zusammenhänge und / oder ein gefühlsmäßiger Bezug, eine eigene Haltung zu dem Gewussten.

Unser Ziel besteht demnach vor allem darin, das zum Teil für die Kinder beängstigende Halbwissen in ein größeres Gesamtbild von Körperlichkeit und Liebe zu integrieren. Das Motto lautet: Auf jede Frage gibt es eine Antwort — meist aber noch etwas mehr.

Fast alle Jungengruppen beginnen mit Fragen zur eigenen Körperlichkeit: Vor allem das Thema *Beschneidung* ist für die Jungen von großem Interesse. Ich erinnerte mich beim Aufkommen dieser Fragen an mein eigenes Körpergefühl in diesem Alter: Ich hatte große Sorge, in irgendeiner Weise nicht *intakt* zu sein. Interessanterweise wird auch häufig nach der Möglichkeit der Prostitution gefragt. Ist das auch so ein Distanz-Thema? Ich staune immer wieder, wie souverän die Jungen in den Gesprächen mit den Fragen umgehen, wie denn eine Liebesbeziehung gefunden werden kann, in der Sexualität gelebt werden kann. Dazu gehört oft auch die Frage nach der Selbstbefriedigung und der Homosexualität. Durch die Trennung von Jungen und Mädchen, meine *Anonymität* und die Zusage, dass die Fragen und Inhalte nicht an Lehrer oder Eltern weitergegeben werden, entsteht fast immer eine sehr offene und interessierte Atmosphäre. Anzüglichkeiten oder alberne Reaktionen sind nur sehr selten aufgetreten.

Für mich ist diese Mentorentätigkeit eine gute Möglichkeit, Jungen in der nächsten Generation etwas zu geben, was ihnen auf dem Weg zum Mannwerden dienlich sein kann. Außerdem kann ich ihnen in diesem begrenzten Maß etwas sein, was mir in der eigenen Kindheit versagt war: Ein erwachsener Gesprächspartner, der auch bei heiklen Themen nicht gleich vor Scham aus den Pantinen kippt. Übrigens melden die Kinder in den entsprechenden Evaluationsbögen manchmal auch zurück, welche Informationen sie eigentlich nicht haben wollten. Ich nehme das als Hinweis auf eine gesunde Entwicklung von Scham und als Ansatz zu einer eigenen Haltung zum Thema.

Das initiatische Abenteuer in den Alltag holen

Was können Eltern, Lehrerinnen und Erzieher konkret tun, um ein aktives Gegengewicht zum zivilisatorischen Mangel an Zeit-, Raum-, Sinnes- und Körpererfahrung zu schaffen? In beinahe jeder Alltagssituation kann ich mich für oder gegen eine Förderung von unmittelbarer Erfahrung entscheiden. Der Schulweg, die Sportgruppe, Ferienfreizeiten und Tagungen mit Gleichaltrigen, die Gestaltung nicht nur des Sportunterrichts an der Schule — all dies sind Elemente, die im Sinne einer Kultur von Raum und Zeit neu gestaltet werden könnten. Der Umgang nicht nur mit geplanten Zeiten, sondern auch mit dem kreativen Gebrauch von Zeit erfordert eine Zurückhaltung auch bei der familiären und schulischen Zeitplanung, um den Kindern und Jugendlichen für Muße und sogar Langeweile — die Quellen des eigenen Initiativstroms — genügend Gelegenheit zu lassen.

Ein besonderer, jüngerer Zweig der Pädagogik, die Erlebnispädagogik, wendet sich den hier angedeuteten Zielen ganz unmittelbar zu. So sehr die dort entwickelten Ansätze zu verantwortungsvoll gestalteten Abenteuern für Kinder und Jugendliche den Nerv der Sache treffen, bleiben doch die herausgehobenen, einmaligen Erlebnisse hinter den alltäglich möglichen Abenteuern zurück. Je mehr es gelingt, Freude und Erschöpfung durch körperliches Tun im Alltag zu verankern, desto mehr kann solche Aktivität auch ohne besondere Anleitung von den Kindern und Jugendlichen selbst ergriffen werden. Die großen Bilder des Helden brauchen einen konkreten Bezug zu Siegen und Niederlagen im Alltag.

Fahrradpanne in der Lüneburger Heide

Im Alter von 15 Jahren habe ich in den Herbstferien mit drei Jungen aus meiner Klasse spontan eine etwa einwöchige Fahrradtour von Hamburg aus in die Lüneburger Heide gemacht. Unsere Eltern hatten vorher nicht nach dem Zustand unserer Räder gesehen, sich mit uns über die Routenplanung verständigt oder regelmäßige Anrufe verabredet. Sie haben uns einfach vertraut, dass wir selbst wissen, worauf es bei einer solchen Tour ankommt.

Am vorletzten Tag begann das, was ich rückblickend eine beinahe vollständige Initiationserfahrung nennen würde. Erst ging ein Rad im strömenden Regen kaputt und wurde repariert. Nachdem das zweite Rad für uns irreparabel kaputt gegangen war und wir sehr viel Zeit verloren hatten, bis der Vater eines Kameraden ihn mit dem Auto abholte, kamen wir erst bei Einbruch der Dunkelheit auf die Waldstrecke, an deren Ende sich eine uns unbekannte Jugendherberge befinden sollte. Ich habe sie übrigens bis heute nicht kennengelernt. Aber eines nach dem anderen:

Ich sehe uns heute noch so deutlich wie damals vollkommen durchnässt in der Dunkelheit des Waldes verloren gehen. Wir machten uns gegenseitig Mut, dass wir es noch schaffen würden, vor dem Torschluss zu Fuß zur Jugendherberge zu kommen. Schließlich war es so spät, dass wir die Hoffnung aufgaben. Wie im Märchen sah plötzlich einer von uns ein Licht mitten im Wald. Wir malten uns aus, dass dort der Förster wohnen würde und uns samt Fahrrädern mit seinem starken Allradfahrzeug doch noch rechtzeitig zur Jugendherberge fahren würde. Aber hinter diesen mutigen Phantasien gähnte die Angst.

Der Försterhund steigerte diese allgemeine Angststimmung noch ins Konkrete und plötzlich kam einem von uns in den Sinn, dass der Förster vielleicht nicht so nett sein würde, wie wir uns das gedacht hatten. Mit pochendem Herzen klingelten wir an der Tür: Das war der alles entscheidende Augenblick. Wenn die Tür aufging, wüssten wir, ob wir wirklich verloren sein würden, oder ob ein Ersatzvater uns noch einmal retten würde. Die Tür ging auf, die bange Frage war gestellt, da antwortete der Förster: *Nein, ich fahre jetzt nicht mit dem Auto los.* Wir hielten die Luft an, drei Herzen waren im Begriff, in die Hose zu sacken, da erlöste uns der Mann: *Jetzt ist Fußballeuropameisterschaft. Kommt 'rein und setzt euch in die Stube!*

Damit war die Schwelle in mehrfachem Sinn überschritten, wir bekamen heißen Kakao von der liebevoll mütterlichen Förstersfrau, durften Fußball im damals noch seltenen Farbfernseher sehen — und die Nacht trocken auf dem Heuboden der freundlichen Leute verbringen. Wir waren an diesem Abend selbst zu Helden geworden, fühlten das auch irgendwie. Und der Kakao, zu dem es auch noch Bratkartoffeln gegeben hatte, markierte das bescheidene Fest, das zum Gelingen einer Initiation gehört. Nur unsere Eltern haben das nicht mitbekommen. Zurück in Hamburg, waren wir in deren Augen keine Helden, sondern mussten uns sagen lassen, dass wir schlecht geplant hätten. Und es hätte ja auch ganz anders kommen können mit dem Förster ...

Der gute Blick und die unmittelbare Erfahrung

Jugendliche Jungen, die ihr Mannsein erproben wollen, sind auf den guten Blick der Erwachsenen angewiesen. Vor ein paar Monaten wurde ich zu einem Elternabend eingeladen, weil einige Schüler aus der 9. Klasse sich wochenends mit Softair-Pistolen in den stadtnahen Wald zurückzogen. Muss das sein? Offenbar ja. Erwachsene müssen selbstverständlich nicht alles gut finden oder gar mitmachen, was die Jungen unter sich tun, aber verbieten hat irgendwann nur noch den Effekt, dass die Jungen heimlich losziehen. Wie kommt man zu einem Interesse an dem, was dort geschieht, ohne seine eigene Haltung aufgeben zu müssen oder vom Jugendlichen als Elternpolizist erlebt zu werden? Wie kann der Gesprächsfaden gehalten werden, wenn Angst, Sorge und Streit ihn auflösen? Wahrlich keine einfache Aufgabe. Aber sind nicht die technisch aufgerüsteten Spielzeugwaffen von heute nur eine simple Fortentwicklung unserer alten Erbsenpistolen und selbstgebauten Katapulte? Waren die wirklich so viel harmloser?

Eric-Emmanuel Schmitt hat eine schöne Geschichte von der Initiation eines Straßenkindes in Tokio erzählt: *Vom Sumo, der nicht dick werden konnte.* Vorbildlich kommt der Mentor in Gestalt des Sumo-Trainers Shomintsu immer wieder an dem dürren Kind Jun vorbei und sagt: *Ich sehe schon, wie groß und stark du mal wirst!* Das ist der gute Blick, der dem Kind eine Zukunft zutraut, von der noch nichts sichtbar ist. Dem Knaben gefällt das allerdings verständlicherweise überhaupt nicht, denn er fühlt sich von dem Unbekannten nicht ernst genommen. Er nimmt nun auch seinerseits die Einladung zu einem Sumo-Turnier nicht an. Erst einige Monate später, als er bereits beim Meister in die Schule geht, erlebt er sein Verlorengehen durch die harte Kritik des inzwischen verehrten Lehrers:

Du denkst schlecht, Jun! gestand mir Shomintsu eines Tages mit einem Seufzer. *Zum einen, weil du zu viel denkst. Zum anderen, weil du nicht genug denkst. —*
Ich verstehe nicht, was denn nun: entweder schwarz oder weiß? —
Du denkst zu viel, weil du das Denken zwischen dich und die Welt stellst, du schwatzt eher, als dass du beobachtest; du projizierst vorgefasste Meinungen und hast keinen Blick für die Dinge, wie sie sind. (...) Du selbst machst deine Wahrnehmung ärmer, weil du nur siehst, was du sehen willst, deine Vorurteile. (...) —
Gut, einverstanden, ich denke zu viel. Aber wie kannst du dann gleichzeitig behaupten, ich würde nicht genug denken? —
Du denkst nicht genug, weil du nur nachplapperst, du wiederholst nur, was du von anderen gehört hast, du käust Allgemeinplätze wieder, Stammtischsprüche, die du für Wahrheiten hältst, anstatt selber den Kopf anzustrengen. Ein Papagei, der im Käfig seiner Vorurteile gefangen ist. Du denkst zu viel und doch nicht genug, weil du nicht selber denkst.

Der lange Übergang, von dem eingangs die Rede war, wird hier bildhaft nachvollziehbar: Der Knabe gerät gegenüber seinem Mentor in eine Krise, weil der ihm seine doppelte Verlorenheit spiegelt: Was bei Schmitt *Zuwenig-Denken* genannt wird, ist die mangelnde Lösung von der *alten* Stärke, den Halt gebenden Vordenkerinnen und Vordenkern, die der Knabe um seines eigenständigen Denkens noch nicht verlassen hat. Das andere Problem des *Zu-viel-Denkens* ist die fehlende neue Stärke, sich ohne fremde Sicherheiten auf die unmittelbare Welterfahrung einzulassen. Schmitt lässt seinen jungen Helden schließlich an einen Ort gelangen, der ihm sein *Wiederfinden* ermöglicht. In einem kleinen Zen-Garten wird ihm ein Platz zum Hinsetzen und Beobachten angewiesen, mehr nicht. Jun folgt erst widerwillig der Anweisung seines Meisters, dann überlässt er sich endlich der unmittelbaren Erfahrung der wenigen sinnlichen Wahrnehmungen, die sich ihm dort bieten:

Da passierte es. Anfangs war es nur ein Unwohlsein. Als ich aber länger so saß, erfüllte mich ein merkwürdiges Gefühl. Alles in mir fing an sich zu drehen. Ich wusste nicht, ob ich von einer Woge erfasst wurde, oder ob ich selbst diese Woge geworden war. Irgendetwas kündigte sich an, irgendetwas Riesengroßes, Grenzenloses, mit Donnerhall.

Dann durchdrang mich eine Kraft, ließ mich anschwellen, hob mich empor und trug mich davon. Ich verspürte eine sanfte Explosion, keine schmerzhafte, im Gegenteil. Mein Körper explodierte voller Lust, er ging über seine Grenzen hinaus, meine Haut zerriss und entschwebte in mehreren zusammenhanglosen, zerstreuten Fetzen über den Garten. Dieser hatte eine ganz andere Dimension angenommen, der kleine Feldstein war zum Gebirge geworden, die Kiesbetten zu Seen, der Sand zu Wolkenmeeren. (...)

In einem einzigen Augenblick war ich aus einem Alb-
traum erwacht, der mich so lange gefangengehalten
hatte, ich erinnerte mich an die vergessene Wirklichkeit,
aus der wir ureigentlich bestehen. Ich hörte auf, Jun zu
sein, um der Kosmos zu werden, kreisrund, regungslos
und doch in Bewegung.

Die Verschmelzung, die Jun hier mit der natürlichen
Umgebung erfährt, lässt ihn den alten Jun loslassen
und den neuen, den kosmischen, als Vision seiner eigenen Zukunft bemerken: Den kugelrunden, endlich
dick gewordenen Sumo Jun, der sich in neuer Verbundenheit mit der Welt und sich selbst sein eigener König
werden wird. Konsequent verabschiedet sich Jun von
seinem Meister und sucht fortan seine eigenen Wege.

Zum Schluss noch einmal: Was können Mentoren tun und was dürfen sie nicht?

Wer Jungen auf dem Weg zu ihrem Mannsein begleiten
möchte, kann sich auf den Weg der Einfachheit begeben.
Er muss den Jungen nicht irgendetwas Großartiges oder
Spektakuläres vermitteln. Überhaupt ist das bewusste
Vermitteln von Vorstellungen und Handlungsweisen eher
ungeeignet. Der erwachsene Mann kann und sollte den
Jungen auf emotionalem, kommunikativem und prak-
tischem Gebiet ein Begleiter auf ihrem eigenen Weg zu
sich selbst und ihrer Männlichkeit werden. Was er ohne
pädagogische Absicht als Mann vorlebt, wirkt viel mehr
als ein womöglich ausgedachtes Bild von Männlichkeit,
das er den Jungen nahelegt. Inzwischen liegen viele Erfahrungen vor, dass der schrittweise Verzicht auf

zivilisatorische Versorgung und das Einüben eines unmittelbaren Bewegens in der Natur ein sehr geeignetes
Mittel zur Selbsterfahrung der Jungen in der Vielfalt
möglicher männlicher Identitäten ist.

Auch die wünschenswerte positive Kraft der Mento-
renschaft hat ein Zerrbild. Kürzlich sah ich den Film
Herrenkinder, einen sehr behutsam gedrehten Doku-
mentarfilm über die *Napola* (Nationalpolitischen Er-
ziehungsanstalten) in der Zeit des Nationalsozialismus.
Hier wurde deutlich, wie der Zugriff der Nationalsozi-
alisten auf die vertrauensvoll offenen Seelen der Jungen
einen schweren Missbrauch darstellte. Jeder Mentor
heute muss sich fortwährend prüfen — sowohl im eigenen Reflektieren als auch im Gespräch mit anderen
Mentoren — wie frei sein Verhalten in der Begleitung
der Jungen von jeder Art Manipulation und Machtmiss-
brauch ist. Dabei muss unterschieden werden, ob ich
den Jungen meine Gegenwart und meine Begleitung
wirklich als freies Geschenk machen kann, oder ob ich
mit dieser Arbeit etwas kompensiere, was ich eigentlich erst für mich selbst leisten müsste: Ist mein Mannsein so gegründet, dass ich es in seiner Zartheit und
Kraft vor den Jungen leben kann oder suche ich in den
Jungen nach einer Entfaltung meiner eigenen Identität
als Mann?

Letztlich geht es auch hier wieder um die Balance von
Schwäche und Kraft, von Loslassen und Ergreifen.
Kann ich meine Schwächen und Stärken selbst anneh-
men, werden ich sie produktiv in meiner Mentorentä-
tigkeit wirken lassen können. Muss ich dagegen meine
Schwächen mit lauten Tönen überschreien oder meine

vermeintlichen Stärken eifersüchtig ins Spiel bringen, dann leiste ich den Jungen in ihrem Umgang mit Schwäche und Stärke keinen guten Dienst. In der initiatischen Erfahrung wünschen wir ihnen ja, dass sie schwach werden im Festhalten an den alten Sicherheiten und stark im Zulassen des Neuen, das sie zu der angedeuteten Wiederbegegnung mit dem führen kann, was der Knabe Jun bei Eric-Emmanuel Schmitt so schön bezeichnet hat: Mit der vergessenen Wirklichkeit, aus der wir ureigentlich bestehen.

Claudia Grah-Wittich
Frag nicht — liebe mich einfach

Was für Männer schon ab
dem Kindesalter wichtig ist

Warum wollen viele kleine Jungen ihre Mutter heiraten? Zunächst weil es tatsächlich so ist: Die engste gegengeschlechtliche Verbindung, die es geben kann, ist diejenige von Mutter und Sohn. Hier liegt eine Blutsverbindung zu Grunde, die zunächst eine natürliche Dominanz besitzt — zum Leidwesen vieler Ehemänner bzw. später aus der Perspektive der Schwiegertochter die Ehefrauen. Oft bedarf es im späteren Leben einer ganz erheblichen Bewusstseinsarbeit, um diese Ursprungsbeziehung gesund zu lösen und wirklich ganz frei zu werden für eine spätere Beziehung oder Ehe. Diese lässt allmählich — wenn es gut geht — eine neue Einheit entstehen, die dann die Herkunftsfamilie in den Hintergrund treten lässt.

Der kleine Junge, solange er noch nicht ein Bewusstsein von den Ordnungen und den Familienstrukturen hat, will seine Mutter heiraten, denn von ihr allein bekommt er in der Regel die bedingungslose Liebe, nach der er sich bei einer Partnerin oft lebenslänglich sehnt. Und umgekehrt: Egal, was er unternimmt, der Sohn (namentlich beim Erstgeborenen), er erhält die Aufmerksamkeit, die Fürsorge und den Schutz in tiefer Verbundenheit — ohne Fragen und lange Erklärungen. Die *Nabelschnur zum anderen Geschlecht,* in der Literatur viel besungen und in der Psychoanalyse als Ödipuskomplex bekannt, muss mit viel Reflektion sauber getrennt werden. Die Aufgabe der Mutter ist es, den Sohn mit Vertrauen und Respekt in das Leben einer eigenständigen Persönlichkeit zu entlassen — trotz der einmaligen Urverbundenheit.

Die Verantwortung für die Gestaltung dieser Beziehung trägt zumindest in der Kindheit und Jugendzeit die Mutter.

Frag nicht, liebe mich einfach, könnte ein aufschlussreiches Motto aus Sicht des Sohnes für die Beziehung zur Mutter und den Abnablungsprozess sein. *Frag nicht, liebe mich einfach*, ruft auch König Blaubart als Judith, seine Geliebte, in die finstere Burg kommt. In der auf einem alten französischen Märchen beruhenden Textvorlage der Oper Béla Bartoks *(Herzog Blaubarts Burg)* sind es mehrere Zimmer, die Blaubart vor der Frau seines Herzens verschlossen hält. Judith ist neugierig und will unbedingt wissen, was hinter diesen Türen zu finden ist. Herzog Blaubart bittet sie eindringlich, davon Abstand zu nehmen und ihn einfach so zu lieben, wie er vor ihr steht. Sie lässt aber nicht locker. Sind es — wie im Bild — die Türen einer männliche Seele, die dieser verschlossen halten muss, da sie (noch) nicht verarbeitet, daher angreifbar und deshalb hoch sensibel sind? An den häufig literarisch und künstlerisch verarbeiteten Märchenbildern wird eindringlich deutlich: Die Burg Herzog Blaubarts ist mächtig, dunkel und kalt — die Türen sind verschlossen. Judith, die junge, neue Geliebte will gerade dahinein Licht und Wärme bringen. Das ist ihre Ressource, die weibliche Dynamik und Lebenskraft. Gibt ihr diese Fähigkeit ein Recht, in die verschlossenen Räume Blaubarts vorzudringen? Als sie die sieben Türen einer nach der anderen öffnet, findet sie eine blutige Folterkammer, dann die martialisch strotzende Waffenkammer gefolgt von der Schatzkammer, dem verborgene Garten mit blutigen Blumen und schließlich den Blick auf sein gesamtes Reich. Schließlich bleiben noch zwei Räume übrig. Als sie gegen den Widerstand von Blaubart auch diese öffnet, offenbart sich ein See der Tränen — und zum Schluss der Raum mit den Seelen der umgebrachten früheren Frauen.

Mussten sie sterben, weil sie zu viel wussten? Ist es eine Art *seelischer Notwehr* des Mannes, immer dort Beziehungen zu beenden, wo diese gewaltsam zum Einlass in die letzten Seelenräume vordringen wollen? Reagiert er mit Macht und Vernichtung in einem Gebiet, wo dieser kraftstrotzende Mann eigentlich schwach und ohnmächtig ist, so dass er zum Selbstschutz nur die Türen verschließen kann? Wer hat die Aufgabe, im Kampf der Geschlechter untereinander der Klügerer zu sein? Er, indem er seine Schwäche zugibt, wenn es um die Themen seiner Seele geht? Oder sie, die sich ihrer Stärke und Lebenskraft bewusst wird als Göttin im Seelengebiet? Dem Anderen mit der eigenen Stärke da zu begegnen, wo er schwach ist, fordert die Aggression heraus oder den Rückzug.

Wie fühlt sich die Welt für einen Jungen an?

Was helfen uns diese Märchenbilder in der Frage der Erziehung der Jungen? Dazu ein Beispiel als Ausgangspunkt:

Jonas wird jeden Mittag nach dem Kindergarten von seiner Mutter gefragt: *Wie war es heute? Mit wem hast du gespielt? Was habt ihr alles gemacht?* Jonas schweigt. Jonas will etwas zu essen und will wissen, ob der Bagger vor dem Haus noch weiter arbeitet. Er will sich gerade jetzt, wo er nach Hause kommt, nicht mitteilen. Er lebt im Augenblick und in der Zukunft, nicht in der Vergangenheit des Kindergartentages. Seine Ziele, wie etwa dem Baggerführer vor dem Haus zuzuschauen, verfolgt er strategisch. Die Hülle, den Rahmen der Mutter, des Kindergarten nimmt er gerne an, wenn sie ihn nur lassen und nicht mit ihren Vorstellungen und deplatzierten Fragen dem Jungenleben einen Strich durch die Rechnung machen. Denn sich gegen diese seelische Zumutung zur Wehr zu setzen, ist schon fast Krieg, auf jeden Fall unangenehm. Wie soll ich es denn sagen, dass ich einfach meine Ruhe will. Am liebsten würde er ausrufen: *Frag nicht, liebe mich einfach!*

Wie viele Gänge hat bloß der Bagger, genauso viele wie ein Auto? Das ist außerordentlich wichtig, sonst kann man das nicht richtig nachspielen oder nachbauen. Im Kindergarten ging das sowieso nicht, denn der Bagger war zu laut und die Erzieherin schlug vor, lieber ein bisschen zu malen. Klar, geht auch: Bagger malen! Wie gut, wenn abends der Papa nach Hause kommt, der weiß bestimmt, wie viele Gänge nun dieses Baufahrzeug hat. Ihn kann man fragen und bekommt eine präzise Antwort.

Was liegt hier menschenkundlich vor und warum unterscheiden sich Mädchen und Jungen in bestimmten Bedürfnissen schon von früher Kindheit an? Am leichtesten ist dies an der Beobachtung von typischen Auffälligkeiten deutlich zu machen.

Warum zappeln im Kindergarten und in der Grundschule vor allem Jungen und fallen durch ansteckende Unruhe und gesteigerten Bewegungsdrang auf — und warum nerven Mädchen dagegen eher durch fortwährendes Quasseln und sprunghafte Launen? Steigern sich diese Phänomene, so werden sie im pädagogischen Alltag zum Problem: Das Bild des lauten und aggressiven, den Ablauf störenden Jungen auf der einen Seite, und andererseits einige Mädchen, die emotional raumgreifend aber unvorhersehbar die Szene bestimmen oder — ganz im Gegenteil — übertrieben hilfsbereit und auffällig angepasst wirken. Mädchen kommen dennoch gegenüber den Jungen in der Regel zu kurz, da sie ihre Probleme oft eher nach innen nehmen und oftmals erst in der Pubertät oder späteren Lebensaltern sich mit ihren entstandenen Nöten anders melden.

Worauf machen diese Erscheinungen gerade beim Jungen — um den es hier geht — aufmerksam? Was spielt sich insbesondere zwischen einem Jungen und seiner Mutter oder Erzieherin/Lehrerin ab? Welche Bedeutung spielt das männliche Vorbild? Welchen Anteil an den auftretenden Schwierigkeiten und Verhaltensmustern hat die individuelle, welche die geschlechtliche Konstitution des Kindes und worin liegt die Rolle der unmittelbaren Vorbilder? Wäre es nicht besonders förderlich, wenn von Erziehern oder Eltern das eigene oft auch geschlechtsspezifische Verhalten gegenüber Jungen und Mädchen aufgrund menschenkundlicher Erkenntnisse bewusst wird und gegebenenfalls verändert werden könnte? Können auf dieser Basis die verschiedenen Bedürfnisse von Jungen und Mädchen und deren unterschiedliche Ressourcen noch besser gefördert werden?

Die Sehnsucht nach der Überwindung der Urpolarität

Als Grundlage zum Verständnis der geschlechtstypischen Verhaltensmuster in der Entwicklung von Mädchen und Jungen sei zunächst die menschenkundliche Ausgangslage der geschlechtlichen Entwicklung umrissen. Dahinter verbergen sich eine der Urpolaritäten unseres Lebens und eine der wesentlichsten Daseinsfragen des Menschen. Etwas Gesamthaftes — der Mensch — trennt sich evolutionär in zwei Geschlechter. Die dadurch entstehenden unterschiedlichen Aufgaben, Qualitäten, Fähigkeiten und Möglichkeiten bilden nur zusammen wieder das ganze Menschliche, aber auch die konkrete leibliche Fortpflanzungs- und Entwicklungsmöglichkeit. Die Auseinandersetzung des Männlichen und Weiblichen ist der unermüdliche Versuch der Überwindung dieser Urpolarität.

Trennung und eine nachfolgende Wiedervereinigung auf höherer Stufe sind aber immer notwendige Voraussetzungen für Werdeprozesse. Im Schöpfungsmythos wird das so beschrieben: Im Logos lebte im Urbeginne noch die Einheit. Schritt für Schritt erfolgte dann aus dieser Einheit die Teilung von Himmel und Erde bis hin zu Adam und Eva. Das Adam, bevor Eva erschaffen wurde, ebenfalls zweigeschlechtlich war (der Adam Kadmon des Alten Testamentes), bringt ins Bild, das nicht erst das Eine geschaffen wurde und dann das Andere, Himmel und dann Erde, Adam und dann Eva, sondern dass sich aus der Einheit eine Teilung ergibt und doch in dem Geteilten die gesamthafte Potenz vorhanden bleibt. Dieser Gedanke ist deshalb von Bedeutung in der Geschlechterfrage, da dass sich nicht in die eine Einseitigkeit verkörpernde Geschlecht als Möglichkeit für den Menschen immer noch potentiell vorhanden ist. Dies führt zu einer wesentlich differenzierten Beschreibung menschenkundlicher Fragen als wenn das Männliche oder Weibliche nur für sich genommen wird.

Ebenso ist der Ausgangspunkt jedes menschlich-embryonalen Werdens biologisch zunächst eine Einheit. Bis zum Ende des zweiten Lebensmonats in der Schwangerschaft ist der sich entwickelnde Embryo zweigeschlechtlich. Erst dann entscheidet sich, ob der Mensch hinsichtlich seines physischen Leibes ein männliches oder weibliches Geschlecht ausbildet. Der übrige Teil bildet sich rudimentär zurück, bleibt aber potentiell anwesend. Nicht ohne Grund steckt nach Hellmut Hessenbruch in dem aus dem Althochdeutschen stammenden Wort *Geschlecht* (gislahti = wohlgeartet) das Wort *slahan* (nach einer Richtung schlagen).

Erscheinungsformen in der Geschlechtsentwicklung

Innerhalb des Erbgutes machen von insgesamt 22 Chromosomen zwei das Geschlecht des Kindes aus. Die Definition des Männlichen und Weiblichen beruht dabei auf den physisch sichtbaren Unterschieden der Geschlechtsmerkmale. Aus den physischen und physiologischen Unterschieden zwischen Mann und Frau ergeben sich die auf den folgenden Seiten tabellarisch zusammengefassten Wahrnehmungstatsachen.

♂	◀ PHYSISCHE ▶ ERSCHEINUNG	♀
mehr Kalk, dadurch schwerer, stabiler	Skelett	leichter bei gleicher Größe
kantiger und mehr ausgebildet	Muskulatur	runder, mehr Bindegewebe und Fett
Glieder + Brustkorb stärker entwickelt	Rumpf	Becken, Hüften stärker entwickelt
	Schemat. Rumpfzeichnung mit Betonung des unterschiedlichen Schwerpunktes	
größere Menge Eisen	Blut	größ. Menge Kupfer
voller, tiefer, rauer	Stimme	zarter, höher
schwerer, linke Hälfte stärker entwickelt (logisch und rational betont)	Gehirn	leichter, rechte Hälfte stärker entwickelt (intuitiv, praktisch betont)
saurer, dadurch aggressiver	Magensaft	milder
sichtbar, außen liegende Hoden, fast aus dem Körper herausgesetzt	Fortpflanzungsorgane	unsichtbar, innen liegend
tiefer liegend, näher an der Erde, schwerer Penis (Glied) = Gliedmaßen, spitz		höher liegende, erdferner Hohlorgan runde Formen

♂	◄ PHYSISCHE ► ERSCHEINUNG	♀
ejakulierend, Kalt, braucht für Funktion keine Wärme	Fortpflanzungs-organe *(Fortsetzung)*	empfangendes Organ Wärme notwendig
keine direkte Verbindung zur Bauchhöhle, nur durch die Harnröhre (für Blase oder Samenleiter)	Verbindung des Geschlechts-organes zur Außenwelt	direkte Verbindung von Vagina bis zur Gebärmutter (Bauchhöhle)
Samenzellen sind die kleinsten Zellen des Menschen. 1 Mio. Zellen/Tag, Richtung nach außen	Geschlechtzellen, Größe, Anzahl	Eizellen: größte Zellen des Menschen. Nur eine reife Zelle/ Monat, Richtung einlagernd innen
ständig in Bewegung gezielte Bewegung	Bewegung der Geschlechtszellen	unbeweglich, keine Eigenbewegung, wird von Eileiter bewegt
Punkt mit langem Schwanz, strahlig	Gestalt der Geschlechtszelle	massig, viel Materie, rund
langlebig 3 - 6 Tage	Lebensdauer	kurzlebig 6 - 12 Std.
äußerlich aktiv / bewegt, innerlich passiv		äußerlich passiv/Ruhe innerliche aktiv
dringt ein, macht Angebote		empfangsbereit, Spermien auswählend
außenorientiert Dynamik,Vielfalt, Fülle, verschwenderisch, unabhängig vom Kosmos		Verinnerlichung, Ruhe, Umwelt-abgeschlossenheit, sparsam, kosmosverbunden (Mondenrhythmus)

Zunächst ist verblüffend wie die physischen Phänomene die Polaritäten herausarbeiten. Am signifikantesten für die Beschreibung sind die Polaritäten der Geschlechtsteile und ihrer Funktionen selber. Aus der tabellarischen Übersicht folgt, dass das männliche Geschlecht mehr nach dem Physisch-Irdischen tendiert, nach außen sichtbar ist, mehr zur Erde neigt und beweglicher ist, weniger Wärme benötigt, seine Impulse eher von Innen nach Außen setzt, hohe Dynamik und Vielfältigkeit aufweist. Das weibliche Geschlecht hingegen zeigt sich physisch durch mehr Innenraum, ist nicht von außen sichtbar, auf mehr Wärme ausgerichtet, eher differenziert, *sparsamer,* unbeweglich, abwartend, verinnerlicht, eher in Ruhe und abgeschlossen zur Umgebung.

Alle genannten Punkte sind polar und bilden gemeinsam doch ein Ganzes. Sie sind die Basis für das, was wir begrifflich das Männliche und das Weibliche nennen. Es zeigt sich, dass im Physischen eine eindeutige und grundsätzliche Polarität vorliegt.

Eine ergänzende Bemerkung zu den Lebenskräften

Zum Lebensaspekt des Körperlichen von Frau und Mann gehören außerordentlich entscheidend die Lebens- oder auch Vitalitätskräfte. Die Lebenskräfte bilden, ordnen und formen den physischen Leib mit seiner Materie und stellen mit diesem eine lebendige Einheit dar. Auch hier sind durch die Beobachtung deutliche Unterschiede zwischen Männern und Frauen im Durchschnitt beobachtbar. So gehört zum *schwächer* erscheinenden weiblichen Leib eine statistisch nachweisbare größere

Stärke der Vitalitätskräfte (z. B. in der durchschnittlich längeren Lebensdauer). Diese Vitalitätskräfte sind insbesondere auch Voraussetzung für die Möglichkeit der Schwangerschaft und Geburt.

Der stärker erscheinende männliche Körper ist in seinen Lebenskräften dagegen eher *weiblich* und zarter ausgebildet. Seine Energien verbraucht er für den stärker ausgebildeten Körperbau, so dass weniger zusätzliche Vitalitätskräfte zur Verfügung stehen. Nicht nur die durchschnittlich kürzere Lebensdauer von Männern weist darauf hin, sondern insbesondere auch ihre größeren Schwierigkeiten und Mühen, die sie in der Regel in gestaltenden Prozessen und bei Flexibilität erfordernden Veränderungen haben.

Die Polarität des Männlichen und Weiblichen in der Seele

Bevor noch eine seelische Charakterisierung hinzugenommen wird, ergibt sich bereits aus den physischen Schilderungen die heute noch gängige Typologisierungen des Weiblichen und Männlichen, z. B. die des *starken Geschlechts* der Männer — denn physisch betrachtet sind sie es tatsächlich. Das schnelle, willenshafte Erfassen der Umgebung durch einen Jungen, sein Taten-Wille und sein Zugreifen-Können, wenn es um etwas Konkretes geht, die männliche Begabung oder auch Fähigkeit, ganz unabhängig von der Umgebung, allein aus innerer Dynamik der Sache heraus tätig werden zu können, ist eine dem Physischen entsprechende Seeleneigenart. (Mein Mann kann inmitten des größten Chaos und Trubels ungestört sitzen und sein Anliegen oder seine innere Fragestellung verfolgen.) Die Typologie der Helden, Eroberer, Strategen, Feldherren ist stark von dem Willen und der physisch ausgeprägten Seite des Mannes geprägt. Die Frage nach der anderen Seite der Medaille dieser männlichen Typologien, z. B. der sozialen Wirkung solchen Handelns, entsteht zunächst nicht aus diesem physisch Aspekt.

Gleichermaßen ist auch vom physischen Gesichtspunkt her die Seite der Mädchen und Frauen verstehbar, die gerne ihre Hüllen und Räume haben (Bedeutung der Wohnungen oder auch im Kindesalter der Baumhäuser oder Puppenecken), dort zur Ruhe kommen, in diesen ihren eigenen Kosmos und Wärmebereich schaffen und gestalten.

Nähern wir uns nun dem Seelischen des Menschen. Das Seelisch bei Frau und Mann ist eben nicht alleine vom Physischen her bestimmt. Denn hier liegt selbstverständlich nicht eine solche Eindeutigkeit oder Typologie wie im Physischen vor. Jede Seele ist individuell, unterliegt verschiedensten Einflüssen und entwickelt sich zudem fortlaufend und kann sogar bewusst an sich arbeiten und Eigenschaften verändern. Dieses Feld ist im Grunde nur durch die eigene Innenbeobachtung und den Austausch mit anderen zu erschließen. Dennoch sei eine Art Charakteristik versucht, um die mit dem Geschlecht zusammenhängende Besonderheit der seelischen Nuancierung zu erfassen. Es geht dabei lediglich um eine Geste und nicht darum, ein Schema zu beschreiben.

Das Seelische des Jungen/des Mannes liegt viel mehr zurückgenommen im Verborgenen als bei einer Frau. Von sich aus zeigt ein Junge sich nicht so schnell mit

seinen Empfindungen und Gefühlen. Viele Mütter beklagen — wie wir am Anfang gesehen haben —, dass
ihr Sohn von seinen Erlebnissen nichts erzählen mag.
Wenn überhaupt, können die Jungen leichter die Frage
beantworten, was war. Ein Ereignis, was nicht im Moralischen liegt, sondern dem Jungen ein neues Stück
Welt eröffnet hat, wie zum Beispiel der Hufschmied,
den der Kindergarten besucht hat, der die Pferde neu
beschlagen hat oder der Hausmeister, der die Treppe
neu gebaut hat. Doch warum muss ich überhaupt über
etwas sprechen, was in der Vergangenheit liegt? Das ist
doch im Inneren ganz gut aufgehoben, so scheint der
Junge auszusagen. Er will sich im Seelischen eher schützen und zurückziehen, niemanden hineinblicken lassen.
Wer weiß, in welches Gespräch ich verwickelt werde,
wenn ich etwas preisgebe, mag er denken. Das wäre ja
ein hohes Risiko und würde Flexibilität und Beweglichkeit
erfordern, die in der Regel nicht so stark im Emotiona-
len vorhanden sind. Der Junge und später vor allem der
Mann ruht deshalb seelisch mehr in sich und ist weniger leicht aus der Facon zu bringen. In seinem Auftreten ist er daher aber auch eher unbeweglich, leicht zur
Sturheit neigend, schwerer zu erreichen, dafür oft ver-
lässlicher, kontinuierlicher und zielstrebig. Er will, was
er im Seelischen spürt, nicht unbedingt in die Außenwelt hineintragen. Seelisch und in seinem Fühlen ist
ein Junge oder Mann eher abwartend und reagierend
als aktiv und herausfordernd. Auf diesem inneren Gebiet erlebt er sich nicht als kleiner Schöpfergott, sondern nimmt gerne Anleihen bei der Mutter, der weiblichen Muse oder später — wenn die Frau als Partnerin
nicht mehr ausreicht — die Geliebte.

Das Seelische der Frau lebt dagegen gerne nach

außen und möchte ihre Persönlichkeit und Seele durchaus zur Darstellung bringen, zeigt sich in einem gewissen Sinne sogar gerne. Sie liebt diesen Austausch und die Kontakte mit anderen Menschen und der Welt. Sie ist selbstbewusst im Erobern von sozialen Räumen, in dieser Hinsicht mutig und verantwortlich, ja oftmals sogar strategisch, indem sie andere Menschen für sich einnimmt oder für ihre eigenen Ziele einsetzt. Frauen haben in der Regel seelisch eine große Beweglichkeit, können sich schnell anpassen, sind spontan, flexibel, sensibel und in allem eher verschwenderisch. Frauen wissen, was im Sozialen notwendig ist, erspüren das intuitiv, können sich situativ darauf einlassen und übernehmen Gestaltungsverantwortung. Eine Frau hat zudem eine große Verwandlungsfähigkeit, aber auch Kreativität und neigt zu Netzwerkdenken.

Nur äußerlich wirken Mädchen zarter. Seelisch haben sie ihre Stärke durch ihr flexibles und anpassungsfähiges, verständiges und verständnisvolles und auch initiativeres Verhalten. Unreflektiert kann das auch zu nervigen Eigenarten, z. B. dem ungesteuerten Redefluss führen. Oder es kommt aus dieser Qualität heraus auch zu vorschnellen Urteilen.

Rudolf Steiner schildert in den Konferenzen mit den Waldorflehrern ausführlich für die Zeit der Adoleszenz, dass auch hier der Seelenleib des Männlichen eher für sich bleibt, sich tendenziell zurückziehen will und nicht so sehr vom Ich des Menschen ergriffen wird. Er kommt daher zu der Aussage, dass wir bei Jungen in diesem Alter eher von einem *geistig-seelischen Blass werden* sprechen bis hin zur Tendenz zum Duckmäusertum — oder auch sich in einer seelischen Wüste zu empfinden. Das was man ist, muss nicht unbedingt in die Außenwelt getragen werden und wird dort auch von selbst nicht sichtbar.

Im Gegensatz dazu verbindet sich eine weibliche Seele in diesem Alter unmittelbar mit dem Ich. Sie will sich in ihrer inneren Persönlichkeit zeigen, geht forsch auf die Welt zu. Rudolf Steiner spricht hier von einer Art *geistig-seelischen Erröten*. Die Tendenz des Mädchens ist vom Geistig-Seelischen her ein starkes nach Außen gehen (Rudolf Steiner, 5. Vortrag, GA 302).

Wir können durch diese Charakterisierung feststellen, dass sich das, was wir Männlich nennen, wenn wir es physisch betrachten, sich im Seelischen qualitätsmäßig genau andersherum verhält, und das, was wir beim Mädchen im Physischen Weiblich nennen im Seelischen eher die nach außen gerichtete, kraftvolle Stoßkraft hat, wie wir sie beim Jungen vom Physischen her kennen. Somit wird verständlich, warum Rudolf Steiner beim Jungen/Mann von einer *weiblichen Seele* spricht, da sich hier die physischen Qualitätsmerkmale des Mädchens/Frau im Seelischen wieder finden und von der Seele des Weiblichen als *männlich* spricht, da sich hier im Seelischen die Merkmale der physischen Organisation des Mannes wieder finden.

In Rudolf Steiners Schrift *Aus der Akasha-Chronik* beschreibt er geisteswissenschaftlich die Entwicklung der Formen des Mannes und der Frau aus einer älteren Grundform, in welcher der Mensch weder das eine noch das andere, sondern beides zugleich war. Bei der Entwicklung zur Zweigeschlechtigkeit verfestigt sich ein Teil, z. B. der Männliche im Leib, während der andere Teil (der *Weibliche*) zurückbleibt, sich nicht verfestigt und eine innere, polare Kraft ausbildet. Diese innere Kraft finden wir in der Seele. Es wird von Rudolf Steiner auch der Grund angegeben, warum die Trennung in die Geschlechter evolutionär notwendig war. Durch eine Vereinseitigung (oder auch arbeitsteilige Trennung) des gesamthaft Menschlichen in die Geschlechter wurden Kräfte für die Denk- und Bewusstseinsentwicklung des Menschen frei. Ein Hinweis auf diesen Zusammenhang liegt sprachlich noch in dem Wort *erkennen* vor, dass altertümlich auch für den Geschlechtsverkehr verwendet wird *(Josef hatte sie nicht erkannt)*.

Das Ganze des Menschlichen bildet sich erst durch das Geistige

Aufgrund der physischen und seelischen Gegebenheiten sucht der Mensch im Leben naturgemäß die ihm fehlende Ergänzung seiner Vereinseitigung in der Regel im anderen Geschlecht. Die Seele selber allerdings strebt auch noch nach etwas anderem, sie sucht *die Befruchtung durch den Geist* (Rudolf Steiner, GA 11). So kommen wir auch hier zum Schluss, dass die ursprüngliche Zweigeschlechtlichkeit im Physischen, also im Äußern, aufgegeben wurde, im Inneren in der Verbindung des Seelisch-Geistigen nach wie vor ansatzweise vorhanden ist. Der Geist ist schließlich am allerwenigsten an physische Voraussetzungen gebunden. Jedoch wirkt er in dem ihm biologisch vorgegebenen Leib, hat sich in ihm in diesem Leben inkarniert —, wodurch zwischen Leib und Geist als Brücke und Innenraum sich das Seelische bildet. Von der leiblichen Seite aus phänomenologisch betrachtet, stellt sich die geistige Individualität, zu der vorgegebenen leiblichen Einseitigkeit ähnlich ausgerichtet hinzu.

Aus dieser im Menschen prinzipiell vorhandenen inneren ganzheitlichen Ausgeglichenheit können wir schließen, dass das Innere eines Menschen der Tendenz nach eben nicht geschlechtsspezifisch vereinseitigt sein muss, sondern dem Ziel nach ein höheres Gesamtmenschliches erreicht. Der Zustand der geistig-seelischen Ausgeglichenheit in dieser Beziehung ist jedoch nicht ein von Natur gegebener, sondern muss erst im Laufe des Lebens durch äußere Ereignisse oder eigene Anstrengungen errungen werden.

Im Erleben von Mädchen und Jungen, später noch stärker im Bereich der Adoleszenz und schließlich ausgeprägt beim Erwachsenen sind daher typologische Beobachtungen und deutliche Differenzierungen von männlichen und weiblichen Ausdrucksformern festzustellen. Würden wir auf der Beziehungsebene dieser Differenziertheit, aber auch in sich bestehenden Vollkommenheit mehr Beachtung zukommen lassen, so könnten wir uns viel mehr auch in der Rolle von Mutter und Vater oder weiblicher bzw. männlicher Erzieher oder Bezugsperson selber besser bestätigen und aktiv in den Erziehungsprozess der Jungen einbringen. Auch gescheiterte Beziehungen charakterisieren sich in einem hohen Maße dadurch, dass ich den andern dafür verantwortlich mache, meine Einseitigkeit auszugleichen. Männer tendieren dazu, nicht in ihrer eigenen Seelenfähigkeit die Chance für eine Befreiung ihres tendenziell eher dominanten Geistes zu suchen, sondern wenden sich lieber an eine Partnerin, die sie dafür verantwortlich machen, ihrer Seele Muse zu sein. Das ist umgekehrt ebenso der Fall, doch mit dem Schwerpunkt, das eine Frau hofft, nicht die männlichen Fähigkeiten ihrer Seele ausbilden zu müssen, sondern gerne Anleihen beim Geist des Mannes macht.

Die in der folgenden Tabelle gemeinten Qualitäten von Weiblich und Männlich sind aus den Phänomenen der leiblichen Erscheinungsformen abgeleitet.

Mann ♂	◀ ▶	Frau ♀
MÄNNLICH AUSGERICHTET	Geistige Individualität	WEIBLICH AUSGERICHTET
WEIBLICH TINGIERT	Seele (Astralleib)	MÄNNLICHE EIGENSCHAFTEN
WEIBLICHE QUALITÄTEN	Lebens- oder Vitalkräfte (Ätherleib)	MÄNNLICHE QUALITÄTEN
MÄNNLICH AUSGESTALTET	Physischer Leib	WEIBLICH AUSGESTALTET

Was ist denn nun ein *richtiger* Junge oder ein *richtiges* Mädchen?

Vor dem Hintergrund der bis hierher geschilderten phänomenologischen Menschenkunde soll nun der Versuch einer zusammengefassten geschlechtstypischen Beschreibung von Junge und Mädchen versucht werden. Damit werden Alltagserscheinungen unter einem neuen Blickwinkel betrachtet.

Jungen sind in der Regel muskelbetonter, physisch kraftvoller im Körperbau und in der Handlung. Sie fallen eher auf durch das Bedürfnis körperlicher Betätigung, auch Rempeleien, Aggressionen, im Überheblich-Sein und Stark-Tun. Sie setzen sich auseinander mit dem Physisch-Materiellen ihrer Umgebung, erproben alle Funktionen, sind gerne auf Achse, körperlich aktiv und daher statistisch auch häufiger von Unfällen bedroht. Im Durchschnitt sind sie von Geburt in Bezug auf die Sterblichkeit gefährdeter. Entgegen ihrem oft angeberischen Verhalten als so genanntes *starkes Geschlecht*, als gelegentlich kleine *Macker* oder *Tyrannen*, sind sie häufig außerordentlich verletzlich und reagieren empfindlich, wenn sie getroffen werden oder eine seelische Berührung zulassen. Wie passt das zusammen?

Der stärker zur Erde tendierende, schwerere, massivere, mehr sich verfestigende Leib des Jungen bedarf einer völlig anderen Anstrengung des Seelisch-Geistigen, sich mit diesem Körper, seinem Leib (wenn vom Leib gesprochen wird, beinhaltet es gleichzeitig die Lebenskräfte) zu identifizieren. Die körperliche Seite neigt zur Stärke und Dynamik, die ihr zur Verfügung stehenden Lebenskräfte sind aber nicht von derselben Aktivität ausgestattet. So wird es tendenziell für den Jungen viel mühsamer als bei einem Mädchen, seinen Körper zu durchdringen, sich diesen im Laufe der Kinder- und Jugendzeit überhaupt zu eigen zu machen, ihn anzunehmen — vor allem nach dem schwerelosen, sorglosem, geborgenem vorgeburtlichen Zustand in der Schwangerschaft.

Die Persönlichkeit des Jungen, das Seelisch-Geistige will die Leiblichkeit ergreifen und entsprechend deren Stärke auch agieren. Die zur Verfügung stehende Lebenskraft und auch das Vermittlungsglied, die Seele, sind aber von einer Zartheit beschaffen, die eher zum Rückzug neigen. So scheint im mittleren Bereich, in den Lebenskräften und im Seelischen, eine Art *Mangel* im gesamtmenschlichen Gefüge des Jungen vorhanden zu sein. Ein glücklicher Junge muss Gelegenheit haben, diese Mitte behutsam auszubilden. Eine wichtige Rolle spielt dabei die Zuwendung der Mutter, das Vorbild des Vaters oder einer anderen männlichen Bezugsperson und im Jugendalter schließlich sind männliche Mentoren und Lehrer von großer Bedeutung.

Diese typologische Charakterisierung gibt bereits eine Antwort auf das Phänomen, das gerade der kleine Junge eine tiefe Befriedigung erfährt über die sich um ihn sorgende Mutter, die Stellvertreterin ist, für die bei ihm eher zarter ausgebildete Seite. Ein Junge, besonders in den ersten sieben Lebensjahren, holt sich alles, was er braucht, um *ganz* (vollkommen) zu werden. Es besteht sogar die Gefahr, dass er dabei die Mutter eher *auslaugt*. Das nimmt auch beim Manne kein Ende, wenn nicht beim Erwachsenen einmal der Prozess des Durchschauens und der bewussten Umlenkung eintritt.

Der Junge sucht in seiner Sehnsucht nach Vervollkommnung eine Ergänzung durch eine Vorbildperson.

Ist diese im schlechtesten Fall völlig überlastet, mit eigenen existentiellen Sorgen u. ä. beschäftigt, so wird dem Jungen nicht das gegeben, was er sucht. Er benötigt: Unterstützung seiner eigenen Lebenskräfte, um für alle Feldzüge und Freiheitsgelüste seines kindlichen Spiels stark genug zu sein. Was der Mann sich als Erwachsener selber aneignen kann, braucht der Junge noch aus der Umgebung.

Mädchen sind in ihrer physischen Konstitution zarter, weniger muskelbetont, haben vor allem auch nicht das unbändige Bedürfnis nach körperlichem Kräftemessen. Sie werden eher Schubsen, Zwicken, Knuffen, an den Haaren ziehen usw. In Gruppen wirken sie oft dominant. Hier sind sie zäh und geschickt, wenn es um das Erfassen des sozialen Raumes geht. Sie haben in der Regel eine gute Übersicht, verteilen gerne Rollen und können vor Regieeinfällen sprühen. Sie sind eher selbstbewusst, vielfach motiviert, arbeiten fröhlich und gerne im Gruppen zusammen und scheuen keinen Fleiß. Sie sind hilfsbereit, erfassen schnell die Stimmung und Bedürfnisse der Erwachsenen ihrer Umgebung und machen es ihnen gerne recht.

In dieser geschlechtstypischen Verallgemeinerung ist die Geste eines kraftvolleren Wirkens aus der eigenen seelischen Mitte bei den Mädchen mehr ablesbar als dies bei den Jungen der Fall ist. Aus ihrem Inneren, auch dem reicherem Vorstellungsleben, findet die Begegnung mit ihrer Umgebung statt. Wenn ein Mädchen in einen Kinder-Spielraum kommt und etwas tun möchte, so begleitet sie dies in der Regel mit Lautäußerungen, Mimik und Worten des Behagens oder auch Missbehagens. Das Spiel, der tätige Wille, wird von innen ergriffen.

Jungen haben oft eine stoische, zurückgenommene Mimik. Die Wirkung eines Spiels, die dabei entstehenden Empfindungen, macht den Jungen zu einem seelischen Geheimnisträger. Er braucht dieses für sein Innenleben und teilt die Empfindungen deshalb nicht mit. Die Stimmung dagegen, in der ein Mädchen spielt, klettert oder singt, wird vom Mädchen gerade gerne der Umgebung mitgeteilt. Das bleibt beim Jungen viel verhaltener und verborgener. Er bekommt dagegen schnell rote Backen oder wird andererseits ganz blass, denn das Seelische drückt sich nur indirekt nach außen hin sichtbar im Körperlichen aus.

Das Zappeln bei den Jungen erweist sich als unerfüllter Schaffensdrang

Aus der menschenkundlichen Beschreibung, den Beobachtungen und den sich dabei zeigenden Zusammenhängen tauchen anfangs geschilderten Eigenschaften der Jungen oder Auffälligkeiten wie der *Zappelphilipp* schnell auf: Beim Jungen im Bild des Zappelns, der Unruhe und der schnell wechselnder Aufmerksamkeit bei seinen Handlungen oder *Eroberungsfeldzüge*, die nicht mit einem nachhaltigen Innenerlebnis verbunden sind. Wir können uns vorstellen, wie es sich wohl im Innern eines Jungen anfühlt, wenn er dort, wo er seine Stärke verspürt, im Schaffen und Tun in seinem Verhalten unentwegt durch seine Umwelt korrigiert wird. Der veranlagte *kleine Schöpfergott* wird ad absurdum geführt. Das veranlasst ihn, zunächst noch zu weit höherer Aktivität und sich steigerndem Schaffensdrang. Auch er trägt die Sehnsucht in sich, in seinen Stärken wahrgenommen zu werden. Nur erwähnt sei hier — und müsste weiter ausgeführt werden —, dass es neben der übermäßigen Bewegungsintensität auch ganz andere Extreme im Erscheinungsbild von Jungen gibt, wie z. B. der zurückgezogene, fettleibige Junge.

Der Zappelphilipp verhält sich so, weil er eben ganz stark sein physisch-flexibles Wesen, seine Möglichkeit der großen Dynamik und Beweglichkeit, seine Vielfältigkeit, seine nach Außen Orientiertheit lebt. Seine innere seelische Aufmerksamkeit, seine Wahrnehmungsverarbeitung ist nicht damit verbunden. Er berührt alles und kann bei nichts länger verweilen. Der sich zu viel bewegende Junge reagiert — physisch und im Bild gesprochen — wie ein männliches Spermium und kommt gar nicht zu der in sich ruhenden, verweilenden, besonnenen Ruhe (wie im Bild des Hohlorgans der Gebärmutter zu finden), die der Qualität seines Seelischen entspräche.

Gleichermaßen liegt auf der Seite der Mädchen in der Quasselliese ein Erscheinungsbild vor, das wie eine Verstärkung wirkt der ihr vornehmlich zur Verfügung stehenden Ressourcen des Seelischen. Ihre Innenwelt, ihre Vorstellungen, braucht sich nicht so weit mit der Schwere des Physischen zu verbinden wie beim Jungen. Mädchen sind in diesem Sinne weniger stark körperlich inkarniert und ruhen und residieren damit mehr in ihrer eigenen seelischen Welt. Diese kann zwar unglaublich lebendig werden und großen inneren Reichtum entwickeln, dadurch aber auch in die Gefahr geraten, unverbunden mit der Wirklichkeit ihrer Umgebung zu bleiben.

Einige Beispiele aus der Förderung von Jungen im Vorschulalter

Zur Verdeutlichung der Erscheinungsbilder seien hier einige konkrete Beispiele aus der Elternberatung und Frühförderung zur Anschauung geschildert:

Ludwig machte mich schon beim Ankommen so nervös, indem er tausend Vorschläge hatte, was wir machen könnten und parallel dazu noch weitere Vorschläge bereits ausprobierte. Der Raum bot zu viele Anregungen, um ihn zur Ruhe zu bringen. Mir fiel der Schmutz im Treppenhaus ein, und mit Besen, Lappen und Eimer bewaffnet, teilte ich ihm mit, ich müsse erst einmal diesen Schmutz beseitigen. Er könne mir dabei zuschauen oder auch helfen. Das war entwaffnend, und vor Verblüffung setzte er sich erst einmal auf die oberste Stufe und kam unerwartet zu Ruhe. Als er nach einer Weile mithelfen wollte und dann fünf Stufen auf einmal fegte und dabei den Dreck gut verteilte, was mich durchaus unruhig machte, denn es war ja mein Werk und kein Spiel, führte ich die Regel ein, immer abwechselnd, erst ich dann er. Und hier begann die Fegekommunikation, da ich oft bei ihm noch nachfegen musste, er daraufhin meine Stufen anfing wahrzunehmen, ob sie denn wirklich sauber waren. Mehr und mehr kam Ludwig aus seinem wuseligen Verhalten heraus, in dem er nicht wusste, wo oben oder unten war, wo er weder seine körperlichen Möglichkeiten spürte noch das Abgegrenzt-Sein, die Ruhe seiner Seele erleben konnte. Zum Schluss kam sogar noch Freude auf, indem er mit mir den Wischlappen so stark auswringen durfte, dass er nur noch feucht und nicht mehr nass war. Das war eine sportliche, körperliche Betätigung, die ihn seine Muskeln anspannen ließen, so dass ihm das Blut in die Wangen schoss. Ich wiederholte diese Aufgabe einige Male, bis wir dabei beide gelernt hatten, wie wir zu einem Ziel kommen und uns dabei verständigen müssen. Dieses Verhalten konnte er dann ganz allmählich übertragen auf das Spiel.

Ganz anders bei Franz, er war sehr gut erzogen und zunächst immer *artig* dabei. Jedoch fragte er bei jedem Angebot, was ich machte, was denn danach käme. Seine Hände und Füße waren tätig, aber sein Blick jagte durch den Raum. Jeder, der ein Kind so länger beobachtet, merkt, wie sich bei einem selbst eine innere Leere einstellt und wie die Unzufriedenheit, Müdigkeit und Lustlosigkeit schnell daher schleicht. Franz bot ich die Kirschkerntonne an. Die einen Meter hohe Tonne ist zu einem Drittel mit Kernen gefüllt und bildet eine Höhle, die eine Fülle von Tastsinn-Erlebnissen und Geräuschen zur Verfügung stellt. Franz stapfte und wühlte sich in die Tonne ein. Es gab nur eine Regel: Die Kerne bleiben alle in der Tonne. Ansonsten konnte er in diesem begrenzen Raum machen, was er wollte. Es dauerte eine Weile, bis er sich sogar in die Tonne setzte und seine Gliedmaßen einbuddelte. Ich stand die ganze Zeit dabei und nahm ihn wahr und bestätigte ab und zu sein Tun mit sachlichen Beschreibungen wie *Jetzt hast Du Deinen Fuß eingebuddelt.* Allein diese Feststellung regte ihn an, den anderen auch einzubuddeln. Wie oft fragen wir stattdessen, *Willst Du den anderen auch noch einbuddeln?* Als er nach 20 Minuten seine Nase wieder aus der Tonne streckte, bot ich ihm noch das Verstecken eines schweren Steines in der Tonne an. Wir suchten ihn abwechselnd, was auch mich wieder in die Wahrnehmung der *seidigen Berührung* an meinen Händen mit den Kirschkernen brachte und mich ahnen ließ, wie sich wohl inzwischen Franzens Körper anfühlen würde. Die Kirschkerne waren vorgewärmt mit Hilfe von Wärmflaschen. Nachdem Franz ganz vertraut mit diesem Spiel war, steckte er eines Tages unvermittelt seinen Kopf aus der Tonne und meinte: *Das ist ja wohl eine Wärmewelt hier!*

Solon war ebenfalls sehr gut erzogen. Eine äußerlich perfekte Familie. Der Vater kam aus Tunesien und beide Eltern arbeiten an der Uni, um den Kinder einen gute Erziehung zu ermöglichen. Solon war ängstlich verschlossen und seine dunklen Augen wirkten traurig. Was wollen wir jetzt machen, war seine ständige Frage. Lust hatte er zu nichts, und wenn ich ihn einfach ließ, kam nur Übermut und Quatsch heraus, er tobte und wuselte zugleich und steigert sich bis hin zu Kicheranfällen. Was brauchte dieser Junge, der in völligem Widerspruch steht mit seinem starken, schönen, wohlerzogenem Auftreten und seinem unzufriedenem Verhalten? Ich überließ mich dem Rätsel. Der stolze Knabe, der kräftige Körper, der allerdings in seiner Struktur nicht durchgestaltet war, im Tonus schlaff. Ich bot schließlich dem Dreijährigen an, mit mir ein Pferd zu besuchen. Ja, und er wollte auch gerne reiten! Ein Kind, das größte Ängste gerade vor Tieren hatte. Solon saß stolz auf dem Pferd, ich ging an seiner Seite und hielt Körperkontakt zu ihm. Er überließ sich ganz dem Rhythmus des Tieres, fühlte sich unendlich wertgeschätzt und groß. Ein bestimmter Mangel war gestillt. Auf dieser Basis konnten wir dann langsam andere Bereiche erobern.

Was beim Zappelphilipp im Extrem auftritt, ist ab abgeschwächt ein Bedürfnis eines jeden Jungen. Er möchte seine Glieder spüren und ist daher gerne oder ständig mit ihnen in Bewegung. Hier ist er aktiv, wenn auch nicht innerlich verbunden, jedoch motiviert. Er sucht und irrt dabei herum. Dies kann als ein Ausdruck für seine Sehnsucht angesehen werden, seine nicht befriedigten Bedürfnisses nach einer eigene Mitte auszubilden und damit die Tätigkeit der Glieder zu verbinden mit seinen eher angestrengten Lebenskräften und seiner zarteren, empfindsamen und empfangenden, dabei wenig strukturierten Seele. Für diesen mittleren Bereich braucht er Unterstützung: Die Mutter und alle weiblichen Bezugspersonen können ihn dabei begleiten, wenn sie die Möglichkeiten und Stärken ihrer Seele strukturiert und gezielt zur Verfügung stellt.

So gibt es in der Praxis unendlich viel Fälle für ein und dasselbe Symptom: Die ungenügende Identifikation der Eltern und leider oftmals auch ErzieherInnen mit sich selber, ihrer Rolle, ihrem Dasein, bildet den Kindern keine genügend sichere Umgebung, in der sie sich selber gut orientieren können. Sie zeigen dies in ihrem Zappeln oder Quasseln, im Grunde genommen widerspiegelnd die innere Unsicherheit, das geistig-seelische Zappeln oder Hin- und Her der Bezugspersonen.

Ein pädagogisches Grundgesetz und die Selbsterziehung

Nichts ist gut, außer ich tue es. Als Erwachsener muss ich Verantwortung für die Situation mit dem Kind übernehmen. Wenn ich dabei an meine Grenzen komme oder überfordert bin, so gibt es zahlreiche Möglichkeiten, mir Hilfe zu holen. Es gehört allerdings Mut dazu, die eigene Situation zu reflektieren, ein klares Licht auf sie zu werfen und die gewonnene Erkenntnis anderen mitzuteilen. Aber bereits diese innere Reflexion zuzulassen, signalisiert die eigene Bereitschaft zu einer Veränderung. Sich aus eigenem Alltagsmuster zu befreien ist deshalb so schwierig, weil ich nicht weiß, wie sich die Veränderung anfühlt. Jeder noch so kleine Versuch ist aber ein wichtiger Schritt auf dem Weg, dass der Umgang mit Kindern wieder leicht und freudevoll wird.

Daraus folgt die erste und wichtigste Erkenntnis der anthroposophischen Pädagogik: das erfolgreichste Wirkprinzip ist immer die Selbsterziehung. Nur in dem Maße, indem ich bereit bin, mich selbst zu erziehen, zu verwandeln, von den Kindern und Situationen zu lernen, kann sich der Lerngestus der Kinder verändern. Janus Korczak ist davon überzeugt: *Habe den Mut zu Dir selbst, und suche Deinen Weg. Erkenne Dich selbst, bevor du Kinder zu erkennen trachtest. Leg Dir Rechenschaft darüber ab, wo deine Fähigkeiten liegen, bevor du damit beginnst, Kindern den Bereich ihrer Rechte und Pflichten abzustecken. Unter ihnen allen bist Du selbst ein Kind, das Du zunächst einmal erkennen, erziehen und ausbilden musst.*

 Übernehme ich die Verantwortung für das eigene innere Kind? Habe ich für meinen Schutz gesorgt? Wenn ja, so kann ich auch dem Kind Schutz geben. Jeder Mensch trägt ein inneres, schutzloses *Kind* in sich (Eric Berne) — und versorge ich diesen Teil in mir nicht genügend, so kann ich letztlich auch nicht ausreichend für ein Kind sorgen. Überlasse ich mich zu sehr meinem eigenen, inneren, vielleicht gar nicht erkannten *Kind*, so zappele und quassele ich innerlich und bin seelisch unbefriedigt. Marshall Rosenberg hat in seiner

Arbeit die Metapher des Wolfes oder des Schakals ein-
geführt zur Verbildlichung dieser nicht gestillten Bedürfnisse. Sie *heulen*, wenn sie keine Beachtung erfahren und entwickeln beachtliche Triebkräfte. Im Gegensatz dazu steht bei Rosenberg das Bild der Giraffe, die
ein großes rhythmisches System hat, darüber thronend
mit kleinem Kopf aber eine gute Übersicht. Das können
Bilder sein, die Eltern und Erziehern helfen, sich selbst
kritisch in der Beziehung zu einem Kind zu hinterfra-
gen oder sich Entwicklungsanstöße zu geben. Sind diese eigenen inneren Grundbedürfnisse dagegen gedeckt,
so sind Eltern oder ErzieherInnen offen für die Begegnung mit dem Kind, einem achtsamen Umgang mit
ihm.

Die Kinder als Spiegel ihrer Eltern und Pädagogen

Kinder spiegeln die Erwachsenen. Was sich in den Köp-
fen und ebenso in den Empfindungen abspielt, ist für sie
nur scheinbar unsichtbar. Kinder heute haben viel weniger Rückzugsräume als früher, um dort ganz für sich
zu sein. Sie verbringen enorm viel Zeit mit ihren Eltern
zusammen. Die Kinderzimmer oder Höfe bzw. Gärten,
in denen gerade die Jungen für sich eine eigene Spiel-
welt entfalten können, werden in der Realität immer
weniger. Dadurch sind Kinder der Erwachsenenwelt unmittelbarer und ungeschützter ausgeliefert. Normale
Haushaltsverrichtungen wie Kochen oder Putzen und
Reparieren werden so organisiert, dass die Kinder in
dieser Zeit betreut werden oder im Kindergarten sind,
damit die Eltern danach alle Zeit für ihre Kinder haben.

Wie wäre es, wenn Kinder dagegen wieder mehr Geheimnisräume zur Verfügung hätten, im Spiel durchaus wahrgenommen, aber doch auch für sich sein könnten — und im Gegenzug in der Versorgung, in der Pflege dann allerdings eine Bezugsperson hätten, die Freude am Zusammensein ausstrahlt und sich ihrer Bedeutung als Vorbild bewusst ist?

Jungen halten uns ebenfalls einen Spiegel vor. Sie leben in den meisten Fällen dasjenige in ihren Gliedern oder durch die Sprache aus, was sich in ihren Vorbildern oder ihrer Umgebung abspielt. Unsere innere Befindlichkeit, unsere Ängste, unseren Mut, unsere Konzentration oder unser Durcheinander und daraus folgend unsere physische Konstitution, spiegeln Kinder in ihrem Spiel, in der Betätigung der Glieder und im seelischen Ausdruck. Eltern, die befragt werden, wo sie sich denn mit ihrer inneren Aufmerksamkeit befinden, wenn ihr Sohn wie beschrieben *nervt,* woran sie in diesen Momenten denken, beschreiben ausnahmslos, dass sie mit ihren Gedanken woanders sind, sich aus der gegebenen Situation herausziehen.

Bei Müttern ist es mehr das *Hamsterrad,* was noch alles zu tun ist, die Liste der Einkäufe, die zu erledigenden Telefonate oder Termine. Auch die Sorgen und Ängste werden oft beschrieben als Gedanken, die das Innere beherrschen. Ängste darüber, wie das denn alles zu schaffen sei. Auch: wie werde ich von außen gesehen, was denken die Großeltern, die Freunde, die Pädagogen über das unflätige Verhalten des eigenen Kindes. Die Schleife geht dann immer weiter und verstärkt sich.

Der Vater hat in vielen Fällen entweder unglaublich viel in seinem Beruf zu tun, glänzt durch physische Abwesenheit oder ist der große *Erklärer,* der versucht, seinem Filius z. B. einzutrichtern, warum und weshalb dies oder jenes nicht oder ganz anders geht. Das wiederum bringt gegebenenfalls die Mutter noch mehr gegen die *Männerwelt* auf: Nicht nur der Sohn bringt sie zur Verzweiflung, sondern die zermürbenden Gedanken über den vermeintlich nicht helfen wollenden oder könnenden Partner. Lebt umgekehrt der männliche Partner positiv in der Anschauung und dem Seelischen der Mutter, so ist selbst ein real selten im Familienalltag anwesender Vater vollständig für die Kinder im ersten Jahrsiebent präsent. Damit sollen allerdings nicht die Väter von ihren Pflichten in der Familie entlastet werden. Jede Mutter hat ein Recht zu sagen, wann sie Hilfe braucht oder sich alleine gelassen fühlt mit den Kindern. Je nachdem, wie sie es sagt, kann es leichter oder schwerer vom Partner oder der Umgebung gehört werden.

So zeigt gerade das ganze Feld der Interaktion zwischen Kindern, ihren Eltern oder anderen Bezugspersonen, wie geschlechtstypische Verhaltenmuster eng mit den Erscheinungsbildern von Jungen und Mädchen verbunden sind, aber auch zu pädagogischen Veränderungen genutzt werden können. Es gilt aus solchen selbstlaufenden Prozessen auszusteigen. Dies gelingt, wenn sich die Erwachsenen der Verantwortung auch für ihre geschlechtstypische Rolle bewusst werden und diese von Innen gesteuert, positiv übernehmen.

Der Junge und seine Mutter oder Pädagogin

Stellen wir uns vor, eine weibliche Bezugsperson wirkt nun aus der Fülle ihrer Möglichkeiten unmittelbar auf einen Jungen ein. Sie weiß meistens sehr genau, was für den Jungen (Mann) gut ist, oftmals bevor dieser selber seine eigenen Bedürfnisse realisieren kann. Von dieser auf ihn einströmenden Kraft (und Macht) fühlt der Junge sich oftmals schier überwältigt. Er kann eigentlich innerlich nichts dagegensetzen und sucht naturgemäß ein Ventil. Rückzug oder Aggression sind mögliche Folgen. Hat ein Junge wenige Möglichkeiten, Informationen und Wahrnehmungen aus seinem eigenen physischen Weltbezug innerlich zu verarbeiten, braucht er in diesem Bereich Vorbilder, die klar und eindeutig seelisch strukturiert und für ihn erlebbar sind. Begegnet er hingegen seiner auf der einen Seite überschwänglichen Mutter oder Erzieherin, die andererseits nur oder überwiegend besorgt ist und dadurch oft kontrollierend und manipulierend, gelegentlich übergriffig sich verhält, so fühlt er sich in seinem eigentlichen inneren Bedürfnis unverstanden und sucht anderweitigen Ausgleich.

Ganz anders dagegen würde es sich anfühlen, wenn eine Frau oder Mutter den Jungen ihre strukturierte, differenzierte Seelenfähigkeit wie ergänzend zur eigenen inneren Situation zur Verfügung stellt. Sie weiß nicht nur, was richtig ist, sondern vor allem, wann der richtige Zeitpunkt dafür vorhanden ist, den Jungen zu erreichen — oder ihn für sich sein und seine eigenen Eindrücke verarbeiten zu lassen. Sie versteht, dass der Junge die Dingwelt braucht, um sich in seinen Gliedern zu spüren. Die Verbindung der Welt mit eigenen Empfindungen muss sich beim Jungen erst behutsam anbahnen.

In Ruhe und geschütztem Raum erlebt er die Sicherheit und Geborgenheit, in der er sich innerlich ungestört entfalten kann.

Wenn es im Gegenüber zu einem Jungen der Mutter gelingt, ihre inneren seelischen Energien bewusst selbst zu führen, auch die eigenen Grenzen zu erkennen, dann entfaltet sie eine direkt therapeutische Wirkung. So wie die Freiheit von den Jungen gesucht und gebraucht wird, so schätzen sie ebenso sehr, wenn die Fülle der weiblichen Seele ihnen zur Verfügung steht und mit den Jungen mit einem Vorhaben die physische Seite des Daseins erobert und ihr männlicher Tatenwille belebt und beseelt wird.

Für die weibliche Bezugsperson eines Jungen gilt es deshalb in besonderem Maße, innerhalb der Seele den *Animus* (in den Begriffen C. G. Jungs) auszubilden, also ihre seelischen Möglichkeiten aus der kraftvollen, energiegeladenen Fülle zu strukturieren und daher wie die männlichen Qualitäten im Leiblichen diese im seelischen Inneren zu entfalten. Für diese Fähigkeiten des Animus oder der sich strukturierenden Seele gibt es zahlreiche Bilder aus der vorchristlichen und christlichen Kultur, wie beispielsweise das Bild der Isis in Ägypten. Diese schluckt am Abend den alt gewordenen Gott Osiris, um ihn in ihrem Inneren nachts zu verjüngen und am nächsten Morgen als Knaben Horus wieder zu gebären. Oder in den Weihnachtsdarstellungen die Jungfrau Maria mit dem Kind im Arm und ihrem roten Untergewand und schützend darüber gelegten blauen Mantel. Immer zeigt sich das Urbild: Die bewegte, belebte Mitte, aus der heraus Tätigkeit und Aktivität stattfindet. Das Äußere ist mehr schützende Hülle — so wie es physisch beim weiblichen Geschlechtsorgan beobachtet und beschrieben wurde, wo die empfangende und damit das Neue ermöglichende und heranbildende Gebärmutter ein Hohlorgan ist.

Aus dem Dargestellten lässt sich zusammenfassen:

• Jedes weibliches Vorbild, das seine *Tentakeln* und innewohnende Schnelllebigkeit zurückhält und nur abwartend kommen lässt, hilft dem Jungen/Mann zu einer eigenen, in sich ruhenden Entwicklung und Ergänzung zum *ganzen Menschen.*

• Andersherum kann diese flexible seelische Wahrnehmung der Mutter oder weiblichen Bezugsperson zu einer pädagogischen Fundgrube werden. Hierzu bedarf es allerdings der unerlässlichen Bereitschaft der Selbstreflexion: Ich muss das, was ich aus dieser seelischen Konfiguration heraus tun werde, transparent machen. Dann wird die Mutter oder Erzieherin nicht zur *Bedroherin*, sondern zur Erlöserin. Die nach außen hin verpönte Kontrolle der Mutter als Selbstkontrolle angewandt, wirkt gestaltend auf die Umgebung.

Was hat der Vater für eine Rolle beim Jungen?

Väter oder auch männliche Bezugspersonen (Erzieher kommen in der Vorschulzeit so gut wie nicht vor), sehen oft sehr scharf und genau, was an dem Verhalten der Söhne oder Jungen zu ändern wäre. Väter sagen gerne ihren Frauen, was diese eigentlich alles unternehmen könnten, damit sich etwas in der Familie zum Besseren wandelt. Sie sehen und urteilen, doch gehen oft nicht in die Problemlösung selber aktiv hinein oder stellen sich der Situation auf Dauer. Im Gegenteil, berufliche Belastungen wie auch Erfolg, Krisen im Familien- oder Eheleben sind für sie schnell Anlässe, um sich aus der Verantwortung zu ziehen. Dagegen bieten sie gerne großzügige und grundsätzliche Rettungsversuche an, die sie selber meist nicht durchführen (können) und damit keine nachhaltige Wirkung hinterlassen.

Für einen Jungen ist der Mann als Vorbild von großer Bedeutung, insbesondere in Bezug auf alles, was mit den physischen Dingen der Welt und ihrer Bearbeitung zusammen hängt. Seine Bemühungen weiterhin, seelisch Erlebtes zu kommunizieren, ist dem Jungen ebenso elementar notwendiges Vorbild. Das Gesehene später in der angemessenen Weise liebevoll und noch besser humorvoll ins Gespräch bringen, das wäre an dieser Stelle gefragt. Von ihren Vätern können die Jungen viel leichter das Verweilen, die Ruhe oder Beschaulichkeit abnehmen als von Frauen in ihrer Umgebung. Die männliche Bezugsperson ist in aller Regel nicht so aufdringlich, neugierig, intervenierend, sondern abwartender, gelassen, unaufgeregt. Männer kennen sich eben bestens aus in dieser Beziehung, in dem feinen, empfindsamen Innenraum, den es für ihre Seele zu schützen gilt. Interessanterweise sind gerade Großväter Meister darin, der stillen Sehnsucht des Jungen nach Innerlichkeit und Sachorientiertheit nachzukommen. Ein Großvater, der konzentriert und beschaulich einer Arbeit oder seinem Hobby nachgeht, dabei gewissermaßen ganz außerhalb von Raum und Zeit werkelt und schafft, dabei den Enkel voll im Bewusstsein hat und gelten lässt oder interessiert auf etwas aufmerksam macht — dass ist Labsal für jeden Jungen.

Das männliche Vorbild ist gerade beim Jungen aufgefordert, seine weibliche Seele, seine *Anima* (nach C. G. Jung), zu entwickeln, um als Vorbild den Heranwachsenden voranzugehen. Eine solche Selbstentwicklung — gerade in dieser Richtung — fällt Männern meist schwerer als den Frauen.

Zusammenfassend kann gesagt werden:

• Ein Junge braucht Vorbilder, die ihm in seinem Sach- und Weltinteresse Anregungen geben, die gewissermaßen mit den Gliedern nachvollziehbar und sinnvoll sind. Jede Tätigkeit, die von der männlichen Bezugsperson echt und mit Leidenschaft vollbracht wird, ist hier wichtige Nahrung.

• Jungen brauchen Vorbilder, die ihrer zarten, abwartenden und auch verletzlichen Seele begegnen, ihnen Zeit lassen und einfühlend Raum geben. Jede gelebte seelische Regung eines männlichen Vorbildes unterstützt die Findung nach dem eigene Innenraum der Seele, der ja tatsächlich sehr im Verborgenen liegt, entdeckt und erweckt werden muss.

Verhältnis Mutter/Frau zum Jungen	Verhältnis Vater/Mann zum Jungen
PRINZIP DER METAMORPHOSE	PRINZIP VON VORBILD UND NACHAHMUNG
Frauen, die ihre Seele strukturieren, regen den Jungen an, seine Glieder zu ordnen, um damit anschließend tüchtig seine Ideen in die Wirklichkeit umzusetzen.	Unmittelbares Vorbild im Umgang mit der Welt und seelischen Themen. So sind Männer, die an ihrem Inneren arbeiten wichtige Vorbilder.
Metamorphose: Selbsterziehung im Seelischen der Frau regt Willenstätigkeit des Jungen in seinen Gliedmaßen an.	Vorbild/Nachahmung: Jungen ahmen männliche Bezugspersonen direkt nach.

Fazit

Vor diesem hier ausgebreiteten Hintergrund ergibt sich eigentlich eine sehr einfache Erkenntnis für den angemessenen Umgang mit Jungen: Eltern und Pädagogen werden zur Selbstwahrnehmung, Selbstreflexion und Selbstentwicklung aufgefordert. Oft wird das hier sehr weit gefasste geschlechtsspezifische Verhalten als ein wichtiger Bestandteil des eigenen Handelns massiv unterschätzt, weil es eben recht schwierig selbst zu erkennen ist und — weil gattungshaft — es unterbewusst bleibt.

In der Praxis der Erziehung von Jungen kann leicht beobachtet werden, wie das Aufmerksam-Werden auf das eigene — das Seelische und Geistige mit einbeziehende — geschlechtstypische Verhalten den entscheidenden *Schlüssel* formt. Die pädagogische Arbeit erhält einen ganz anderen Sinn, wenn durch diese Wahrnehmung und die bewusste Anwendung den Jungen und Mädchen ein nuanciert unterschiedliches Verhalten angeboten werden kann.

Jungen, die der Mutter nichts von sich preisgeben wollen, gilt es ganz selbstverständlich zu respektieren und sie dennoch *einfach* zu lieben, ihnen Schutz und Sicherheit zu vermitteln. Die sich seelisch abgrenzen könnende, ihr Empfindungsleben reflektierende und die atmosphärische Umgebung bewusst gestaltende Frau und Mutter kann dem Jungen Hülle und Geborgenheit geben und damit eine günstige Ausgangslage für seinen eigenen Weg in die Welt bieten.

Die männlichen Vorbilder sind besonders gefragt, sich ihrer Vorbildfunktion bewusst zu werden und zwar auf der sensiblen Ebene der Dialogfähigkeit bei inneren Prozessen. Um genügend Mut zu bekommen, sich in einen solchen inneren Dialog zu begeben, braucht der Junge Vorbilder seiner Gattung. Für alle späteren Beziehungen ist es insbesondere für den männlichen Heranwachsenden wegweisend, wie reflektiert Eltern und Pädagogen sich einerseits ihrer Unterschiedlichkeit, doch auch ihrer Selbstgestaltungs- und Verwandlungsfähigkeit bewusst werden. Der so gelernte innere Dialog, die Kommunikation mit sich selber, ist dann im hohen Maße beziehungs- und friedensstiftend. Solche Fähigkeit im Jungen zu wecken, ist Aufgabe männlicher Vorbilder.

Sensible Prozesse dieser Art benötigen für den heranwachsenden Jungen Freiraum, Geduld der Umgebung und den eigenen Zeitrhythmus. Dies zu ermöglichen und dem Prozess dadurch zum Erfolg zu verhelfen, ist der Beitrag der weiblichen Bezugspersonen.

Licht und Wärme in die dunkle Trutzburg Blaubarts zu bringen, die Türen der verborgenen Kammern zu öffnen, kann kein einseitiges weibliches Bestreben sein. Ein Versuch, die typologischen Verhältnisse von den Blaubarts und Judiths dieser Welt neu zu bestimmen und zu gestalten enthält die Möglichkeit, überholte und nicht mehr zeitgemäße Herrschafts- und Tyrannenverhältnisse zu erlösen.

Literaturhinweise

Steve Biddulph
Jungen! Wie sie glücklich heranwachsen
München 2000

Gudrun Burkhardt
Mann und Frau
Stuttgart 2000

Michaela Glöckler
Partnerschaft und Ehe — verstehen und sinnstiftend leben, Kap.: Die männliche und weibliche Konstitution
Esslingen 2011

Claudia Grah-Wittich
Warum Elternarbeit heute so wichtig ist
in: Zeitschrift Erziehungskunst, Heft 10/2006, Schwerpunktheft: *Von der Geburt bis zum dritten Lebensjahr*

Helmut Hessenbruch
Wesen und Aufgaben des Männlichen und Weiblichen und die Beziehungen der Geschlechter zueinander
Schriften der Lebensschule e.V., Bad Liebenzell 1971

Janus Korczak
Wie man ein Kind lieben soll
Göttingen 1971

Herbert Kretschmar
Männlich-Weiblich.
Spannungsfeld der Menschwerdung
Dornach 1991

Bartholomeus Maris
Einige kleine, wesentliche Unterschiede
in: Zeitschrift Erziehungskunst Heft 10/2003
Schwerpunktheft: Jungen und Mädchen

Emmi Pikler
Miteinander vertraut werden
Freiamt im Schwarzwald 1990

Rudolf Steiner
Aus der Akasha-Chronik (GA 11)
6. Aufl., Dornach 1986

Rudolf Steiner
Konferenzen mit den Lehrern der Freien Waldorfschule
1919 bis 1924 (GA 300 a –c), Dornach 1995

Rudolf Steiner
Menschenerkenntnis und Unterrichtsgestaltung
(GA 302), 4. Aufl., Dornach 1991

Rudolf Steiner
Heilpädagogischer Kurs
(GA 317), 8. Aufl., Dornach 1995

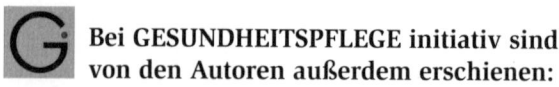

Bei GESUNDHEITSPFLEGE initiativ sind von den Autoren außerdem erschienen:

von Mathias Wais

Entwicklung zur Sexualität
Begleitende Erziehung und Aufklärung | ISBN 978-3-932161-12-4

Das Ich findet sich, wenn es sich loslässt NEU
Über den roten Faden im Leben | ISBN 978-3-932161-71-1

Sinn und Unsinn der Ehe heute | ISBN 978-3-932161-08-7

Mobbing
Der kollektive Doppelgänger | ISBN 978-3-932161-37-7

Karma und Begegnung | ISBN 978-3-932161-31-5

Das Kind ist der Zukunft näher, als der Erwachsene
ISBN 978-3-932161-08-7

[mit Michaela Glöckler]
Die Kraft der Krise NEU
Männliche und weibliche Potenziale, sich neu zu (er-)finden
ISBN 978-3-932161-70-4

von Ulrich Meier

Das Kind in sich entdecken | ISBN 978-3-932161-41-4

Mythos "Guter Mensch" | ISBN 978-3-932161-50-6

[mit Michaela Glöckler]
Ehe und Partnerschaft — verstehen und sinnstiftend leben
ISBN 978-3-932161-75-9 NEU

[mit Rolf Pohl und Reinhold Hermann Schäfer]
Männliche Sexualität — Drama & Entwicklungschance
ISBN 978-3-932161-67-4

**In der Reihe MännerLeben® kompakt
sind bisher erschienen:**

ISBN 978-3-932161-65-0

Rudi Ballreich/Wolfgang Held
Matthias Leschke

Band 1

StressBalance
Wege zu mehr Lebensqualität

Aus ganz unterschiedlichen Perspektiven
werden in diesem Buch Wege zu mehr
Stressbalance und Lebensqualität gezeigt.
Angesetzt wird beim Umgang mit dem eigenen Körper, den eigenen Gefühlen und
Gedanken, den sozialen Beziehungen, sowie
den Rhythmen im Tages- und Jahreslauf.

ISBN 978-3-932161-67-4

Ulrich Meier/Rolf Pohl
Reinhold Hermann Schäfer

Band 2

Männliche Sexualität
Drama & Entwicklungschance

Dieses Buch vereint drei Perspektiven auf
das Mysterium männlicher Sexualität: eine
wissenschaftliche, eine spirituelle und eine
persönliche.

*Ein spannendes, facettenreiches Buch —
zum besseren Selbstverständnis — und damit
zur Erkenntnis von persönlichen Wachs-
tums- und Reifungsschancen.*

Die Bände 1-3 sind auch als Gesamtpaket für nur 25 € erhältlich
ISBN 978-3-932161-76-6

Weitere Inspirationen finden Sie auch bei
den jährlichen MännerLeben®-Kongressen
für Lebenskunst & Gesundheit

Details dazu unter: www.maennerleben.com

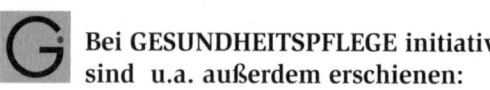